دور دیس سے

(افسانے)

مصنفہ:

نجمہ نکہت

© Taemeer Publications LLC

Door Des se (Short Stories)
by: Najma Nikhat
Edition: December '2023
Publisher :
Taemeer Publications LLC (Michigan, USA / Hyderabad, India)

ISBN 978-93-5872-676-3

مصنف یاناشر کی پیشگی اجازت کے بغیر اس کتاب کا کوئی بھی حصہ کسی بھی شکل میں بشمول ویب سائٹ پر اَپ لوڈنگ کے لیے استعمال نہ کیا جائے۔ نیز اس کتاب پر کسی بھی قسم کے تنازع کو نمٹانے کا اختیار صرف حیدرآباد (تلنگانہ) کی عدلیہ کو ہو گا۔

© تعمیر پبلی کیشنز

کتاب	:	**دور دیس سے** (افسانے)
مصنفہ	:	**نجمہ نکہت**
پروف ریڈنگ / تدوین	:	اعجاز عبید
صنف	:	فکشن
ناشر	:	تعمیر پبلی کیشنز (حیدرآباد، انڈیا)
سالِ اشاعت	:	۲۰۲۳ء
صفحات	:	۱۳۰
سرورق ڈیزائن	:	تعمیر ویب ڈیزائن

فہرست

	پیش لفظ	6
(۱)	ریشمی قمیص	8
(۲)	دور دیس سے	16
(۳)	زمینداروں کی منڈی	28
(۴)	بُرا آدمی	48
(۵)	رات کے گذرتے ہی	55
(۶)	نیلی جھیلیں	61
(۷)	چراغ کی لَو	74
(۸)	میرا گھر	83
(۹)	آئی برسات	89
(۱۰)	راستے کا پیڑ	98
(۱۱)	کہانی ایک گاؤں کی	103
(۱۲)	گُل	115
(۱۳)	ہڑتال	122

پیش لفظ

یہ میرے منتخب افسانوں کا مجموعہ ہے جو میں نے پورے خلوص و ایمانداری کے ساتھ آپ کے سامنے پیش کر دیا ہے۔ میں ۱۹۴۸ء سے افسانے لکھ رہی ہوں جن میں سے بیشتر دوسری زبانوں جیسے ہندی، کنڑی، ملیالم وغیرہ میں منتقل کئے جا چکے ہیں۔

میں نے جو کچھ بھی لکھا یہ محض تخیل کی پیداوار نہیں ہے۔ یہ سارے افسانے تھوڑے سے افسانوی مبالغہ کے ساتھ حقیقتیں ہیں۔۔۔ میں نے کبھی فرمائش پر یا کسی کے اصرار پر یا صرف تخیل کی بنیاد پر کوئی افسانہ نہیں لکھا۔ جب تک کوئی واقعہ یا کردار مجھے لکھنے کے لئے مجبور نہیں کر دیتا میں اس وقت تک قلم نہیں اُٹھاتی۔ کوئی سماجی ناانصافی، معاشرے کا کوئی زخم، زندگی کی چھوٹی چھوٹی خوشیاں و بڑے گہرے غم ، کوئی ناخوشگوار سوچ۔۔۔ بہار کی آمد خزاں کا سوگوار انداز۔۔۔ یہ سب میرے احساسات پر اثر انداز ہوتے ہیں۔ کسی واقعہ کے متعلق مواد میرے ذہن میں اکٹھا ہونے لگتا ہے اور پھر میں ایک عجیب کرب محسوس کرتی ہوں مجھے اس وقت تک چین نہیں آتا جب تک میں لکھ نہیں لیتی۔ اکثر روز مرہ کے واقعات مجھ میں لکھنے کی تحریک پیدا کرتے ہیں۔

ایک بات میں اور کہنا چاہتی ہوں کہ میں ایک ایماندار ادیب کو یا تخلیق کار کو اپنے زمانے کا مورخ مانتی ہوں اور نئی نسل کی ذہنی تربیت کا ذمہ دار بھی۔ میں سمجھتی ہوں کہ ادیب صرف فوٹو گرافر نہیں ہوتا کہ جو دیکھے وہ پیش کر دے بلکہ اس کے اپنے احساسات، جذبات اور نظریات بھی اس خاکہ میں رنگ بھرتے ہیں اور ادیب کی پوری شخصیت و ذہنیت اس کی تحریر میں جھلکتی ہے۔ اپنی تہذیب کلچر، روایات، ماحول صحیح عکاسی کے ساتھ ساتھ زندگی کے متعلق ایک واضح اور صحت مند نقطہ نظر کی بھی ضرورت ہے اور تحریر میں اس کا شعوری یا غیر شعوری اظہار بھی لازمی ہے۔

نجمہ نکہت

حسینی علم روڈ، حیدرآباد۔

اگست ۱۹۷۸ء

(۱) ریشمی قمیص

تالاب کے کنارے وہ خیمے ویسے ہی گڑے تھے جن میں دیہات کے اطراف سے لوگ مزدوری کیلئے آکر بس گئے تھے۔ پُل بہت بڑا تھا و تعمیر ہو رہا تھا۔ پھر وہ پتلی سی سڑک بھی چوڑی، کشادہ اور پکی بن رہی تھی جس پر دن رات ٹرک موٹر گاڑیاں اور بیل گاڑیاں چلتی رہتی تھیں۔ اس طرح وہ بے رونق اور اجاڑ تعلقہ، عارضی گہما گہمی خوبصورتی و آوازوں سے آباد نظر آرہا تھا۔

تاڑ کے حد درجہ اونچے، سیدھے اور سیاہ پیڑوں کے سروں پر چھتری کی طرح پتوں کا گھریا اور اس پر ٹنگی ہوئی کوری ٹھلیاں دور سے دکھائی دیتی تھیں پھر تاڑی تاس نے والے جب چمڑے کا چوڑا بلٹ کمر پر لگا کے پیروں میں سیندھی کے پتوں اور ٹہنیوں سے بنا اہوا حلقہ پھنسا کر اس سیدھے لمبے اور اونچے پیڑ پر چڑھتے تو ان کی کمر سے لٹکے ہوئے لوہے تک ہک میں تاڑی تاس نے کیلئے لٹکی ہوئی ٹھلیا اور بلٹ میں لگے ہوئے لوہے کے ہک میں تاڑی تاس نے کیلئے لٹکی ہوئی ٹھلیا اور بلٹ میں لگے ہوئے چاقو کے موٹے دستے صاف نظر آتے۔ درخت سے نیچے اترتے وقت میٹھی تاڑی سے بھری ہوئی کوری گھڑیا پر ہزاروں نظریں لگی رہتیں۔ تھکن سے ٹوٹنے والے خوبصورت جسم شام کی محفل کے تصور سے چستی اور محنت کی لگن کے ساتھ پھر مٹی اور گارے سے بھرے ٹوکرے گا گا کے ایک دوسرے کے حوالے کرنے لگتے تلگو زبان کے، رسیلی دھنوں والے گیت جو زیادہ سے زیادہ محنت پر اکساتے ہیں۔ منو جگو اور سارو نوجوان ہیں۔ گورا بھیمو اور جھنگو

ادھیڑ عمر کے مگر کسے ہوئے بدن اور سیاہ بادلوں والے مزدور ہیں۔ ایسے یہاں سینکڑوں ہیں۔ یہ سب ایک دوسرے کے عارضی ساتھی ہیں۔ اس پل کی تعمیر نے انہیں دور دور سے لا کے اکٹھا کیا ہے۔ ان کی باتیں، گیت اور ایک دوسرے سے ہمدردی، لگاؤ اور پیار عارضی نہیں۔

یہاں کام ختم ہو جائے گا تو سب اس طرح بکھر جائیں گے جیسے یہاں کبھی نہیں آئے تھے۔ یہ سفید و سرمئی کٹے پھٹے خیمے اور جگہ جگہ گڑی ہوئی لوہے کی میخیں موٹی موٹی بٹی ہوئی ڈوریوں کا جال۔ کام مکمل ہو جائے گا تو یہ کچھ نہیں رہے گا۔ یہ میدان اسی طرح سنسان پڑا رہے گا جیسے پل بننے سے پہلے تھا۔ یہ گہما گہمی، گڑبڑ بچوں کی ہنسی، کنواریوں کی شرمیلی مسکراہٹ، نوجوانوں کا لا ابالی انداز، بوڑھوں کی تجربہ کار گہری نظریں، سب یہاں سے دور چلی جائیں گی۔

مگر اب تو یہ اچھی خاصی دور تک پھیلتی بستی ہے۔ تاڑ کے اونچے چھتری نما درخت جن کا سلسلہ دور تک چلا گیا ہے۔ حد نظر تک یہ پیڑ سینکڑوں ستونوں کی طرح کھڑے ہیں۔ درمیان میں خیمے ہی خیمے ہیں۔

ان خیموں سے ہٹ کر سڑک کے کنارے دو جھونپڑے ہیں۔ یہ جھونپڑے ان بے شمار مزدوروں کیلئے ہوٹل کا کام دیتے ہیں۔ ہر وقت گرم چائے ملتی ہے۔ شہر سے نمکین و میٹھی کھانے کی سستی اشیاء بھی لائی گی ہیں۔ بسکٹ، مکسچر، وڑا، اڈلی، سانبر اور اکما بھی ملتا ہے۔ جوار کی گرم روٹی اور کڑھی رات کو مل جاتی ہے۔ دوپہر چاول دال کھانے والوں کو مفت کچی املی کی چٹنی دی جاتی ہے۔ بچوں کیلئے پانی ملا دودھ، تلن کی چیزیں اور سستے قسم کے بسکٹ بھی مل جاتے ہیں۔ سائماں ان دونوں جھونپڑوں کی مالکہ ہے۔

چوبیس پچیس سال کی عمر، گہری سانولی رنگ و تیکھے نقوش والی جس کی لمبی چوٹی میں

چاندی کے گھنگرو گندھے ہوتے ہیں۔ کام کاج میں چوٹی سامنے آپڑتی ہے تو چھن سے سارے گھنگرو بج اٹھتے ہیں۔ سرخ چولی پر سیاہ منکوں کی مالا بہت اچھی لگتی ہے۔ جس میں پشتہ پڑا ہے۔ سونے کا سرخ نگینوں والا چمکیلا گول پستہ چولی کی گرہ پر جھولتا رہتا۔

دو چار سیاہ لٹیں ہمیشہ چہرے کا ہالہ کے رہتی ہیں۔ اس عمر میں بھی سائماں خاموش، گمبھیر اور تجربہ کار نظر آتی ہے۔ کیا اس کو دنیا میں کوئی ایس بات نہیں نظر نہیں آتی جس پر مسکرایا جائے۔ چپ چاپ، ایک دوسرے میں پیوست ہونٹوں پر خاموشی کی سیاہی پھیلی ہوئی ہے۔ زبان جس قدر چپ رہنا چاہتی ہے۔ نگاہیں، اسی قدر باتونی ہیں۔ کون کہتا ہے کہ زبان صرف ایک ہوتی ہے کئی اعضاء تو سچ مچ باتیں کر کے متوجہ کر لیتے ہیں۔

اس پل کی تعمیر اس لئے بھی بہت ضروری تھی کہ قدیم پل ندی کے پانی میں ڈوبا رہتا تھا۔ بارش کے چار مہینے اکثر یوں ہوتا کہ رات بھر بارش کے بعد سویرے لاریں، موٹریں اور بنڈیاں پل کے دونوں کناروں پر قطار میں کھڑی ہوتیں۔ پانی کی سطح اتر گئی تو موٹریں، بسیں و لاریاں چل پڑیں ورنہ دو دن ٹریفک رکی پڑی رہتی۔ ہاں ٹرین ہی سفر کا ذریعہ بنی رہتی۔ ورنہ سڑک سے آمد رفت بند رہتی۔ کئی حادثات ہوتے کئی بار کاریں اور لاریاں ندی میں بہہ گئیں۔

اب اس پل کی تعمیر کے بعد شہر سے اس صنعتی علاقہ کو ملایا جاسکے گا۔ برسات کے زمانے میں جو تکلیف ہمیشہ ہوتی رہتی ہے۔ وہ اب ختم ہو جائے گی۔ اور اسی تعمیر کے سلسلے میں اشتیاق یہاں ٹھہرا ہوا تھا۔ پختہ مکان اس کو الاٹ کیا گیا تھا۔ گیٹ کے اندر پھولوں، پودوں اور بڑے سے سنہری پنجرے میں رنگین چڑیوں رنگین چڑیوں کو دیکھ کر مزدور دنگ رہ جاتے۔ اس کا مکان کام کی جگہ سے کافی دور تھا۔ مگر ہفتہ میں ایک دفعہ وہ مزدوروں کو اپنے گھر آنے کی دعوت دینا نہ بھولتا۔ چائے اور نمکین اشیاء انہیں دی

جاتیں۔ سائماں چاہئے بنانے کی بڑی بڑی کیتلیاں سنبھال کر لے آتی اور کوری مٹی کی کلیہ میں انہیں چائے انڈیل کر دیتی رہتی۔

ہفتہ میں ایک دن اس کے ہوٹل بند رہتے اور وہ دن سائماں کو آرام لینے کی بجائے اشتیاق کے بنگلے پر کام کرنا پڑتا۔ اشتیاق نے کبھی سائماں سے زبردستی کام نہ لیا۔ سائماں کو خود اس کے بنگلے پر کام کرنا پسند تھا۔ خوبصورت سا مختصر بنگلے پر کام کرنا پسند تھا۔ خوبصورت سا مختصر بنگلہ اپنے وسیع و عریض باغیچہ کے ساتھ بہت اچھا لگتا۔ اشتیاق کی چکنی چمکدار گولڈن کار میں رکھے ہوئے گہرے نیلے رنگ کے فر کے کشن اور لیس کے پردے جو پیچھے سے دیکھنے پر تتلی کے کھلے پردوں کی طرح خوبصورت لگتے۔ اس کے قمیص وشبرٹس ہینگر پر لٹکے رہے تو سائماں ادھر ادھر دیکھ کے اطمینان کر لینے کے بعد کہ اشتیاق نہیں دیکھ رہا ہے۔

آہستہ آہستہ ان کپڑوں پر احتیاط سے ہاتھ پھیرتی۔ پھر دیر تک پلکیں جھپکا جھپکا کر حیرت سے سوچتی کہ آخر اس کے اطراف جو اتنے مزدور پھیلے کام کرتے ہیں اور سارا دن سخت محنت ان کو تھکا دیتی ہے تب بھی وہ ایسا لباس نہیں پہن سکتے۔ موٹی کھادی کی پنڈی اور کوری دھوتی یا موٹے لٹھے کا پائجامہ اور سستی بنیان ہی ان کو نصیب ہوتی ہے۔

محنت کی آخر کوئی حد ہے؟ اس حد کے بعد بھی۔ وہ اداس دیر تک دھیرے دھیرے قدم رکھتی۔ بنگلہ میں اس طرح چلتی رہتی کہ تلووں سے زمین چپک جاتی۔ کوئی آہٹ کوئی آواز نہ ہونے پاتی۔

اس کا آدمی تو تاڑی تاستا تھا۔ یہی اس کا آبائی پیشہ تھا۔ رات دن اس کام میں رہتے ہوئے بھی اس نے کبھی تاڑی نہیں چکھی تھی۔

تاڑی تاسنے والے کبھی تاڑی نہیں چکھتے۔ اس نے ایک بار اشتیاق کے پوچھنے پر

بتایا تھا۔ انہیں عمر بھر تاڑی نہ پینے کی قسم دی جاتی ہے۔ سائماں نے کھانے کے منیر سے پرے کھڑے ہو کر کہا تھا۔

پھر تو تیسرا آدمی دنیا کا پاکیزہ ترین انسان ہے۔ جہان محنت کرنے والے اس کو پینے کیلئے ترستے ہیں۔ وہاں ایسا آدمی جو ان درختوں پر چڑھ کر، سخت محنت سے اس کو حاصل کرتا ہے۔ وہی ہاتھ نہ لگائے۔ واہ رے زاہد خشک، اشتیاق نے ہنس کے مذاق اڑایا۔

جی۔۔؟ وہ حیرت زدہ سی دیکھتی رہ گئی۔

اشتیاق کے گورے چٹے بدن پر رنگین کپڑے سائماں کو بہت اچھے لگتے مگر وہ یہ سوچ کر اداس ہو جاتی کہ ایسے کپڑے اس کا آدمی نہیں پہن سکتا۔ کس قیمت پر نہیں۔ کیوں؟ یہ وہ نہیں جانتی تھی۔ ہم ان کپڑوں کیلئے نہیں بنے ہیں۔ اگر بڑے صاحب پڑھے لکھے ہیں تو کیا ہوا؟ ان کا کام تو صرف سوچنے کا ہے۔ وہ جو سوچتے ہیں۔ ہم اس کو بنا کے دکھا دیتے ہیں۔ ان سے زیادہ محنت کر کے بھی ہم کبھی اچھے کپڑے نہیں پہن سکتے کبھی اچھا کھانا نہیں کھا سکتے ایسے ایسے ہزاروں سوال سائمان کو شریر بچوں کی طرح گھیر کے پریشان کرتے رہتے۔

دال چاول، تیل، املی، نمک، مرچ، جوار کا آٹا ایندھن موٹے کھردرے کپڑے دکھی بیماریوں، شادی بیاہ، ساس سسر دیوروں اور نندوں کا بار۔۔

کبھی کبھار بہت عیش کر لیا تو پی کر گالی گلوج، جھگڑا کر لیا ورنہ مٹی کی دیواروں پر کھانس پوس کی چھت ڈال کے جھونپڑا بنا کے رہنا تو سب ہی مزدوروں کو آتا ہے۔ اس سے زیادہ کبھی سوچنے کی مہلت کسی کو نہ ملی۔ مگر سائمان سوچ کی یہ حدیں پار کر چکی تھی۔ دو دو ہوٹلیں اسی کے دم سے چلتی تھیں مگر پھر بھی وہ ہاتھ کی بنی ہوئی موٹی سرخ سبز اور نیلی ساڑیاں ہی باندھتی۔

بسیں ٹھہرا کر چائے پینے والے ڈرائیوروں، کلینروں، مسافروں مردوں عورتوں کو چائے دیتے ہوئے سائماں بڑے غور سے ان کے لباس دیکھتی گہنے، ہاتھ پر بندھی گھڑی اور قسم قسم کے منگل سوترا اور پشتے، آخر یہ بھی تو اسی جیسے انسان ہیں۔ وہ سب کو دیکھ دیکھ کر کڑھتی رہتی۔

پھر ایک دن سائماں کی ہوٹل میں بیٹھ کر چائے پینے والے مزدوروں نے اس کو بتایا کہ اشتیاق رنگے ہاتھوں پکڑا گیا۔ اس نے تعمیر کا سامان بے ایمانی سے بیچ کر پیسے بنائے تھے اور عین وقت، یعنی سائماں کی نظروں میں ریشمی نرم رنگین بشرٹیں کار میں پچھلے شیشے سے تتلی کے کھلے پروں کی طرح جھانکتے ہوئے پردے اور ہر ہفتہ میز پر چنے ہوئے بہترین کھانے اور دوستوں کی دعوتیں شیشوں اور گلاسوں کے درمیان چینی کے بڑے برتن میں رکھے ہوئے برف کے سفید چور کو ٹکڑے، سرخ وسفید و شربت، بہکی ہوئی باتیں اور لڑکھڑاتے ہوئے قدم۔ فلم کی طرح اس نے جلدی جلدی سب دیکھ لیا۔

ہمارا پیسہ تو بہت محنت سے آتا ہے۔ جب پیسہ پسینے سے بھری تھیلی پر آتا ہے۔ تو وہ پیسہ نہیں ہوتا۔ وہ ہماری محنت اور ہمارا دھرم ہوتا ہے۔ ہم کسی کا پیسہ بے ایمانی سے نہیں ہتھیاتے میرا آدمی جو خود تاڑی تاستا ہے۔ ایک قطرہ نہیں پیتا وہ بھی تو بے ایمانی کر سکتا ہے۔ وہ بھی تو اسی طرح اپنا دھرم بیچ سکتا ہے۔ مگر دھرم بھی بک گیا تو ہمارے پاس کیا رہ جائے گا؟

نہیں نہیں ہم ریشمی کپڑے نہیں پہنیں گے۔ ہم ہر ہفتہ مزیدار کھانے و پینا پلانا نہیں کر سکتے۔ ہم کبھی خوبصورت موٹر کار نہیں لے سکتے۔ دھرم بیچ کر، ایمان بیچ کر یہ سب آئے بھی تو کیا فائدہ؟

سائماں نے جھونپڑے میں رکھا ہوا لکڑی کا صندوق کھولا کانپتے ہوئے ہاتھوں سے

ریشمی قمیص اٹھا کر دیر تک اس کے خوبصورت بوٹے دیکھتی رہی۔

اس کو بنگلہ میں گذاری ہوئی وہ آخری شام یاد آئی۔

بڑے صاحب بہت خوش تھے۔ ان کے مہین بشرٹ کے جیب سے سو سو کے کئی نیلے نوٹ جھانک رہے تھے۔ وہ شام ہی سے کھانے کی میز پر ڈٹے بیٹھے تھے۔ سامنے بھونا ہوا مرغ رکھا تھا اور وہ کانٹے چھری کی مدد سے کھاتے جا رہے تھے۔ جیسے دنوں سے فاقے کرتے آ رہے ہوں۔ سامنے گلاس میں شیشے سے انڈیل کر سوڈا ملاتے، برف ڈالتے اور پھر ہلکے ہلکے گھونٹ بھرتے آنکھوں میں لال ڈورے ابھر آئے تھے۔

آج جو تو مانگے ضرور دوں گا۔ بول سائمان اپنی خواہش بتا۔ جی بڑے صاحب۔ اس کی آنکھوں میں عقیدت کے ہزاروں رنگت سمٹ آئے۔

"ہاں۔۔ آخر تو نے اتنے دن میری خدمت کی ہے۔ گھر کو صاف ستھرا رکھنے اور پودوں کی دیکھ بھال میں تیرا بھی تو حصہ ہے۔ بول کیا چاہئے تجھے؟

آپ کی ایک پرانی قمیص دے دیجئے بڑے صاحب۔ کبھی اپنے آدمی کو پہناؤں گی بس یہی مانگتا تھا۔ وہ بڑی لجاجت سے بولی۔

اچھا اچھا اشتیاق نے پہنا ہوا قمیص اتار کے سائماں کے پھیلے ہوئے ہاتھ پر رکھ دیا۔

سائماں نے جیب سے سو سو کے کئی نوٹ نکال کے اشتیاق کے سامنے میز پر رکھ دیئے۔

تو بڑی ایماندار ہے سائماں۔ وہ مرغ کی ٹانگ پلیٹ میں رکھتا ہوا بولا۔ پھر بڑے صاحب کو سائماں نے ایسی نظروں سے دیکھا جیسے کہہ رہی ہو۔ آپ بھی تو ان کے داتا ہیں۔

اسی وقت اشتیاق کی ایک انگریز دوست آگئیں اور سائماں میز سے برتن سمیٹ کر کچن میں رکھ آئی اور پھر بڑی احتیاط سے وہ ریشمی قمیص سنبھال کے جھونپڑے تک آئی تو

مارے خوشی کے اس کی سانس پھول گئی۔

پھر اس نے سوچا کسی رات تنہائی میں اپنے آدمی کو پہنا کر اس کے شانوں اور سینے پر ہاتھ پھیر کر اس قمیص کی نرمی اور خوبصورتی محسوس کروں گی۔ ایک ارمان تو پورا ہو گا اچھے کپڑے پہننے کا پہنانے کا۔ جانے وہ پہن کے کیسا لگے گا؟

تاڑ پر چڑھنے، اترنے سے پنڈلیوں کی نیلی رگوں میں گرہیں پڑ گئی ہیں۔ بدن اس قدر کسا ہوا تھا کہ سارے لوگ پٹھے الگ الگ صاف دکھائی دیتے۔ کمر اور ٹخنوں پر گٹھے پڑ گئے تھے۔ مگر وہ ایک اچھا آدمی تھا۔ ایمان کی روٹی کھانے والا۔ محنت کی کمائی پر قناعت کرنے والا قول و قسم نبھانے والا۔ بدن چاہے جیسا ہو مگر اس کے اندر سب کچھ واقعی بہت پاکیزہ تھا۔ اس نے محنت ہی کو سب کچھ سمجھا۔ دوسرے کی محنت پر اس نے کبھی اپنا حق نہ جتایا۔

سائماں کو ریشمی قمیص دیکھ کر ہزاروں باتوں کی یاد آئی۔ اس نے اشتیاق کے گورے پر چٹے خوبصورت بدن پر یہ قمیص دیکھی تھی۔ کیا یہ قمیص اس کے آدمی کو اچھی لگے گی۔ اس نے سوچا۔ اس کو یوں لگا جیسے یہ قمیص اس کے قابل نہیں ہے۔ وہ بہت اور ش داری ہے۔ اس چیز کو پسند نہیں کرے گا۔ وہ جو محنت کے پسینے کی کمائی کھاتا ہے جس نے کبھی بے ایمانی نہیں کی۔ جس نے ایک برے پیشے میں رہ کر بھی اپنے آپ کو الگ رکھا۔ کنول کی طرح۔ جو کیچڑ میں پیدا ہو کر بھی پاکیزہ رہتا ہے۔ صاف ستھرا، اس کے آدمی کی طرح۔

اور یہ قمیص۔ اس نے قمیص کو کیچڑ کی طرح گندہ اور لجلجا محسوس کیا۔ پھر بہت اطمینان سے چلتی ہوئی وہ چولے کے پاس آئی۔ بڑی کیتلی چولھے پر چڑھی تھی۔ شاید چائے تیار تھی۔ ہلکی ہلکی بھاپ اٹھ رہی تھی۔ وہ کھڑی دیکھتی رہی پھر اس نے ہاتھ بڑھا کر قمیص دہکتے انگاروں پر ڈال دی۔

(۲) دور دیس سے

جانے کتنی مدت سے تمہیں خط لکھنے کے بارے میں سوچ رہی ہوں۔ اتنے لمبے چوڑے خط کے جواب کیلئے کتنے ورق لکھنے پڑھیں گے تب تک، تو منی بھی نیند سے چونک پڑے گی۔ اللہ جانے کیسے ڈراؤنے خواب ہوتے ہیں کہ منی گھبرا کے نیند میں مجھے ٹٹولنے لگتی ہے۔ میرے اوندھے سیدھے خواب ہی کیا کم ہیں کہ جن کا سلسلہ بچپن سے اب تک قائم ہے۔ ہر بار مستقبل کی نئی بشارت سمجھ کے سارے خوابوں کی تعبیریں سینے سے لگائے میں نے ایک ایک قدم دھیرے دھیرے اپنے ارمانوں کے راستے پر بڑھایا مگر وہ ساری تعبیریں آندھی میں اڑنے والی سوکھی پتیاں بن گئیں۔
میں کہاں تک ان کے پیچھے دوڑتی پھروں؟
تمہیں یاد ہے؟ ہمیشہ اپنے سجے سجائے کمرے میں کتابوں کا ڈھیر لگائے پڑھنے کا مجھے کتنا شوق تھا۔ اماں چڑ جاتیں۔
"میں کہتی ہوں شمو بی! ذرا کمرے سے باہر بھی جھانک جایا کرو۔ کیا سارا دن سسرال میں کتابیں ہی سنبھالنے کو دی جائیں گی۔
تو بہ اماں کیسی باتیں کرتی ہیں جب دیکھو تب میرے پڑھنے لکھنے پر جلی کٹی سنانے بیٹھ جاتی ہیں۔ یہ بھی چھوڑ دوں تو اللہ قسم مر جاؤں۔ میں اکتا جاتی۔ "اچھا بابا۔ جا کے پڑھ۔ میرا سر نہ کھایا کر۔ اماں شفقت میں گھلی مسکراہٹ میری طرف پھینک کے باورچی خانہ میں گھس جاتیں اور میں پھر کتاب کھول کے بیٹھ جاتی۔
مگر اب تو دنوں گذر جاتے ہیں ایک ورق بھی پڑھنے کی فرصت نہیں ملتی۔ اخبار کی

موٹی موٹی سرخیاں کبھی دیکھ لیں تو دیکھ لیں ورنہ پورا اخبار تو پڑھنا آج تک نصیب نہ ہوا۔ اتنی مصروف زندگی ہے کہ تمام دن ناکافی معلوم ہوتا ہے۔ ہر وقت کام نمٹانے کی دھن لگی رہتی ہے۔

اماں کی تو مت ماری گئی تھی۔ جانے مائیں بن کے خیالوں میں سوتے جاگتے بیٹوں کی سسرال ہی کیوں جھانکا کرتی ہیں۔ بس ایک ہی دھک دھکا دل کو لگا رہتا ہے۔ جیسے بھی بن پڑے ہاتھ پیلے ہو جائیں۔ اب مردہ جنت میں جائے چاہے دوزخ میں۔ اماں ابا بیچ میں آنے والے نہیں۔

دور دیس سسرال جا کے جیسے میرا کلیجہ دھک سے رہ گیا۔ آبا کے کبوتروں کے کابک یاد آئے۔ یوں سمجھو رہنے کو ایسا ہی ایک کابک ملا ہے۔ پر خانے میں ایک ایک جوڑا ور بچے۔ ذرا سی جگہ میں گھر بھر کی ضرورتیں سما گئی ہیں۔

ڈرائنگ روم، بڈروم، ڈائننگ روم، کچن روم اور باتھ روم کی ساری سہولتیں ایک ہی کمرہ میں مل جاتی ہیں۔

اللہ جانتا ہے ہمارے گھر کا باتھ روم اس کمرے سے بڑا تھا۔ گرمیوں کے زمانے میں بڑے آنگن میں پانی کا چھڑکاؤ ہوتا تھا تو سوندھی سوندھی خوشبو دل میں ہزاروں امنگیں جگایا کرتی تھی۔

اور شیشم کے چوڑے چوڑے ایک قطار میں بچھائے گئے۔ تختوں پر رمضانی بوا ڈلی کاٹتے ہیں۔ صبر شہزادسے کی کہانی شروع کرتیں تو ہم لوگ گم سم بیٹھے جنگل میں قلعہ کے اندر نظر بند، باپ کے اعتبار کی ماری اس ساتویں شہزادی کی زندگی پر کڑھا کرتے جو تنہا بہ تقدیر بولائی بولائی اسی اس قلعے میں گھومتی پھرتی تھی اور بند فولادی دروازوں سے سر ٹکرایا کرتی تھی۔

کیا پتہ تھا وہ بد نصیب شہزادی میں ہی ہوں۔

میں بھی اسی طرح پریشان سی زندگی کے اندھیرے سے قلعے میں ٹھوکریں کھاتی پھرتی ہوں۔ امیدوں کے چراغ ایک ایک کر کے بجھتے جاتے ہیں اور میں منی کا ہاتھ تھامے۔ خالی الذہن تھکی ماندی بھاری بھاری قدم اٹھائے جاتی ہوں۔

برسوں گذر گئے ہیں اور میں جلاوطن مجرم کی طرح، اپنوں میں بیٹھنے کو ترس گئی ہوں۔ سوچتی ہوں تو یقین نہیں آتا کہ میں بھی کسی کی بیٹی تھی۔ کسی گھر کا چراغ تھی۔ میرے دم سے بھی کہیں اجالا بکھر جاتا تھا۔ میرے ذرا سے دکھ پر بھی تڑپنے والے موجود تھے۔ دن بھر اودھم مچائے رکھنا اور رات کو مزے سے تان کے سو رہنا۔ اب خواب کی باتیں معلوم ہوتی ہیں۔

اماں کی شفقت بھری آواز کہیں دور سے آنے والی صدا بن گئی ہے۔ بھیا بھابی اور آپا کے چہرے پرانی تصویروں کی طرح دھندلا گئے ہیں۔ خالہ بی کے کانپتے ہاتھوں سے سر میں چنبیلی کا تیل ملوانے کی خواہش کبھی کبھی بہت بے چین کرتی ہے۔

جب خالہ رعشہ سے تھرتھراتی انگلیوں سے دھیرے دھیرے بالوں کی جڑیں سہلاتی تھیں تو آنکھوں میں نیند کی سرسراہٹ محسوس ہوتی تھی۔ کبھی کبھی میں الجھ جاتی۔ خالہ بی! صبح مجھے اسکول جانا ہے۔ سارے بال تیل سے چپک جاتے ہیں۔ یہ شلجم کی صورت لے کے مجھ سے نہیں جایا جاتا۔

مگر خالہ بی اب کیوں نہ ہوئیں۔ میرے پاس؟

اماں کی فکر مند آنکھیں اور پیشانی کی شکنیں یاد آتی ہیں۔ اماں تو ہر وقت میرے پڑھنے لکھنے پر ٹوکا کرتی تھیں۔ ہائے اماں! اور کچھ دنوں پڑھ لینے دیا ہوتا۔

اس سارے دھندلے پس منظر میں شفو کا چہرہ بہت صاف اور واضح ہے جیسے وہ ابھی

ابھی یہاں سے اٹھ کر گیا ہو۔ اس کے پائپ کے تمباکو کی بھینی بھینی خوشبو کمرے میں پھیلی ہوئی محسوس ہوتی ہے۔ جب بھی میں اداس ہو جاتی تھی تو وہ اپنی نظمیں سنایا کرتا۔ پورا ماحول بدل جاتا شفو کی نظمیں تو ایسا جاذب تھیں جو ماحول کی ساری اداسی کو چوس لیتا تھا۔

ان نظموں میں وہ ساری چھوٹی چھوٹی خوشیاں تھیں جو زندگی میں نگینوں کی طرح، چمکتی ہیں۔ وہ سارے دلآویز میٹھے خواب تھے جن کی تعبیریں اپنی زندگی میں لانے کیلئے انسان مسلسل جدوجہد کئے جاتا ہے۔

طوفان سے ٹکرانے وساحل پہ پہونچنے کا ولولہ تھا۔ عزم کے شعلے، سرخ پھولوں کی طرح شعروں میں بکھرے تھے۔ میں اس کے پاس سے اٹھتی تو نئی زندگی کا ارمان میرے ساتھ ہوتا۔ جانے وہ ارمان اب تحت الشعور کے کس اندھیرے کونے میں دبا پڑا ہے میرے سارے ارمانوں کی طرح۔ یہ ارمان بھی زخمی مریض کی طرح رہ رہ کے کراہتا ہے۔

اور سارا کام دھندا ختم کرے جب میں بستر پر بے سدھ پڑی رہتی ہوں تو یہ ساری کراہیں، چیخیں بن جاتی ہیں۔ ایسے میں منی کے ابا کے ہاتھ گدھ کے پنجوں کی طرح خوفناک دکھائی دیتے ہیں۔ نہ دکھائی دینے والے ہزاروں مظالم کی طرح یہ ظلم بھی اپنے آپ پر صبر کر کے سہنا پڑتا ہے۔

وہ عملی آدمی ہیں، زبان سے، بہت کم کام لیتے ہیں۔ جب شام میں تھکے ماندے گھر آتے ہیں تو اپنے ہی خیالوں میں گم میں بن پوچھے ہی کھانا سامنے رکھ دیتی ہوں۔ کبھی بات کرنے کی کوشش بھی کی تو جواب میں ہوں، ہاں، اچھا نہیں ہی کو سننے کو ملتا ہے۔ رات رات بھر رہی کھیلنے، کناسٹہ کھیلنے اور ہنسنے ہنسانے کی محفلیں یاد آتی ہیں۔

کسی حسین سی شام کو باہر بھی نکل آئے تو جیسے دو گونگے راستہ بھٹک گئے ہوں۔ منی سے ادھر ادھر کی باتیں تو کر بھی لیتے ہیں مگر میرے ساتھ تو ازل سے جیسے خاموشی سناٹا اور تنہائی ہی ہے۔!

کبھی تو کچھ کہا کیجئے

تم ہی کچھ سناؤ۔ جواب ملتا ہے۔

آپ کچھ نہیں بولیں گے۔؟

"کیا بولوں۔۔۔؟

لاحول ولا قوۃ۔۔"میں عاجز آ کے چپ ہو جاتی ہوں۔

مجھے یوں لگتا ہے جیسے میں کہانیوں کی وہ شہزادی ہوں جو پتھروں کے شہر میں راستہ بھٹک کے نکل آئی ہو۔

ایک شفو بھی تھا۔ ساری رونقیں اس کے آتے ہی آ جاتیں۔ چاہے کوئی اپنی زندگی سے بیزار آ گیا ہو مگر اس کے ساتھ بیٹھ کے دل میں نئی ترنگ اٹھتی مجھے اب شفو کی ضرورت بڑی شدت سے محسوس ہوتی ہے۔ اگر وہ ہوتا تو ہر چیز کا تاریک رخ ہی مجھے دکھائی دیتا۔ آدھا دکھ تو اس کی باتیں ہی دور کر دیتیں پھر یوں سوچنے کو ڈھیر ساری باتیں کہاں ہوتیں!

مجھ پر قنوطیت طاری ہوتی جا رہی ہے۔ کھدبد پکنے والی ہانڈی کی طرح میرا دماغ بھی کھدبد پکا کرتا ہے۔ یہ دھیمے دھیمے دہکنے والی آگ کب تک جلایا کرے گی۔؟

لمحہ بھر کو منی کی بے معنٰی باتوں کی معصومیت مجھ میں زندہ رہنے کی کشمکش کو بڑھاوا دیتی ہے۔ مگر اس کے اسکول جانے کے بعد تنہائی اور خاموشی میرا دم گھونٹنے لگتی ہے۔ ذرا سے کمرے میں ادھر ادھر گھومنے سے میرے پیر شل ہو جاتے ہیں۔ میں کتنی لمبی اور

کٹھن راہیں طئے کر کے آئی ہوں۔ اور کتنی مسافت باقی ہے ؟

تمہارا خط پا کے میں ذرا بھی خوش نہیں ہوئی۔ خط تو اماں کا بھی آتا ہے۔ بڑی آپا اور بھابھی بھی تو لکھتی ہیں مگر تم ہی بتاؤ سوکھے پودوں کو پانی سے سینچنے سے کونپلیں کہاں پھوٹیں گی؟

میں تو ایسا پتہ ہوں جو خزاں کے دکھ سہہ سہہ کے پیلا پڑ گیا ہے اس پتہ کو بہار سے کیا واسطہ ؟

میں ایک بار بیمار ہو گئی تھی۔ شغو کسی نہ کسی بہانے سے میرے پاس بیٹھا رہتا اس زمانے میں جانے کیوں مجھے بیماری سے الجھن نہیں ہوئی۔ میں ٹھیک سے تندرست نہ ہو پائی تھی کہ اس کی رخصت ختم ہو گئی۔ علی گڑھ جاتے ہوئے اس نے اپنی نظموں کا مجموعہ میرے ہاتھ پر رکھ دیا۔ میں نہ رہوں گا تو یہ نظمیں تمہاری تیمار داری کریں گی۔

مگر اب میں بیمار پڑتی ہوں تو منی کے ابا جھنجھلا جاتے ہیں۔

ثمینہ ! تمہیں معلوم ہے کہ یہاں نوکر نہیں ملتے اور جو ملتے ہیں تو بھاری تنخواہیں مانگتے ہیں۔ پھر ان کا مقررہ وقت ہوتا ہے۔ ان کے یہ ناز ہم کہاں اٹھا سکیں گے؟ وہ بار بار گھر بھر کی پوزیشن مجھے سمجھانے لگتے ہیں۔ اور میں ہمیشہ کی طرح اپنے آپ پر ظلم توڑنے کو تیار ہو جاتی ہوں۔

اپنی طرف کی بہت سی صورتیں دکھلائی پڑتی ہیں۔ مگر یہاں آ کے وہ بھی یہاں کی ریت نبھانے لگتے ہیں۔ ہم جب بھی اپنے گھر سے اکتا جاتے تھے تو اماں سے کہہ کے پڑوس میں جا بیٹھتے تھے۔ وکیل صاحب کی لڑکی، کلکٹر صاحب کی بیوی اور رحمت خالہ کو پا کے رشتہ دار بھولے گئے تھے۔

مگر یہاں کوئی مر بھی جائے تو بازو کے کمرے کا پڑوسی تھوکتا بھی نہیں۔ یہ جگہ ہی

ایسی ہے۔ اتنی مصروفیت ہے۔ اتنی گہما گہمی اور نفسا نفسی ہے کہ طبیعت ہول کھانے لگتی ہے۔

شاید تمہیں یاد ہو کہ جب میں چھوٹی سی تھی تو ہر صبح کتنے عجیب وغریب خواب سنایا کرتی تھی۔ ان میں سے ایک مجھے اب تک یاد ہے۔ اور اب بھی کئی کئی رات مسلسل وہ ایک ہی خواب دکھائی دیتا ہے۔ جیسے چاروں طرف ریت کے بڑے بڑے پہاڑ کھڑے ہیں اور اس طول طویل صحرا میں بھٹکتی پھر رہی ہوں۔ جہاں تک نظر دوڑاتی ہوں سنہری چمکیلی ریت کے سوا کچھ نظر نہیں آتا۔ مارے پیاس کے حلق میں کانٹے پڑ گئے ہیں۔ پیر زخمی ہو گئے ہیں۔ کوئی پگڈنڈی دکھائی دیتی ہے تو وہاں پہونچتے پہونچتے تیز ہوا ریت کے ٹیلے اڑا، اڑا کر لے آتی ہے۔ موٹی موٹی سخت کنکریاں جسم چھلنی کئے دے رہی ہیں۔ اور جب میں تھک کے چور چور ہو جاتی ہوں تو دور کہیں سبزہ دکھائی دیتا ہے۔ آبشار کی دھیمی گنگناہٹ سنائی دیتی ہے۔ مگر مجھ سے آگے چلا نہیں جاتا میں منہ کے بل زمین پر گر پڑتی ہوں اور اچانک آنکھ کھل جاتی ہے۔

میرا یہ سپنا کتنا سچا تھا۔ مجھے کیا معلوم تھا کہ یوں صحرا میں نخلستان ڈھونڈنے نکلوں گی تو منہ کے بل زمین پر آرہوں گی۔

ذہنی انتشار یوں پھیلتا جارہا ہے جیسے پانی کی پرسکون سطح پر سنگ ریزے پھینکنے سے گرداب پھیلتے ہیں۔ میں نے امیدوں کے چراغ جلا رکھے تھے۔ مگر آندھیاں جانے کہاں سے اٹھی ہیں۔ بیٹھے بیٹھے مری مٹھیاں کس جاتی ہیں اور جسم بھر میں لاوا سا کھولتا پھرتا ہے۔ جانے میں اپنی ساری ناامیدیوں، غموں اور دکھوں کا بدلہ کس سے لینا چاہتی ہوں۔

یہاں صبح سے شام تک کام کاج میں گتھا رہنا پڑتا ہے۔ نئی نئی کتابیں بک اسٹالوں پر دکھائی دے جاتی ہیں۔ خوبصورت رنگوں کے ڈسٹ کور بار بار میری توجہ کھینچ لیتے ہیں۔ یہ

ساری کتابیں میرا آنچل پکڑ کے کھینچتی ہیں۔ آؤ، آؤ ہمیں کھول کر دیکھو تم تو کتابوں پر جان دیتی ہو۔ یہ اپنی جانب کو صرف گھریلو آزار میں پھنسالیا۔ تمھیں دن بدن گم سم بد ذوق اور باورچی خانہ کے حدود میں گھومنا کس نے سکھایا، کتابیں میری پیاس بجھاتی تھیں۔ کتابیں دوستی کا پورا حق ادا کرتی تھیں۔ مجھے ان کی موجودگی میں تنہائی ڈستی تھی۔ نہ سناٹا کھانے کو دوڑتا تھا۔ مگر وہ سارے فرصت کے رات دن کہاں سے لاؤں۔ وہ راتیں جو میری اپنی تھیں۔ نیند نہ آئی تو ہاتھ بڑھا کے لیمپ روشن کر لیا اور مزے سے پلنگ پر لیٹے پڑھ رہے ہیں۔ کسی دن اماں ڈانٹ لیتیں۔ ارے بیٹا۔ تمھارے کمرے کا جلتا لیمپ دیکھ کے گئی تو سینہ پر کتاب دھر لی ہے اور غافل سو رہی ہو۔ سونے سے پہلے بجلی بند کر دیا کرو۔

اچھا اماں! میں بڑی سعادت مندی سے جواب دیتی مگر کچھ دنوں کے بعد وہی شکایت اماں پر دہراتیں۔

اب منی کے ابا نو بجتے ہی گھڑی دیکھ کے بستر پر پڑ جاتے ہیں۔ سر دبانے و پیر دبانے کی عادت اس قدر پختہ ہو گئی ہے کہ بغیر سر دبائے آنکھ بند نہیں کرتے کسی دن پیر دبانے سے بچنا چاہوں تو پیر زور زور سے پلنگ کی پٹی پر مارتے رہتے ہیں۔ یہ گویا مجھے یاد دلاتے ہیں کہ تم نے اپنی ڈیوٹی ایمانداری سے ادا نہ کی۔

اور میں ان کے پیروں پر ہاتھ رکھ کے جسم بھر کا بوجھ ڈال دیتی ہوں۔

اپنے وطن میں، اپنے گھر اور لوگوں میں میری کیسی قدر کی جاتی تھی۔ لوگ بہت سوچ سمجھ کے، بہت تول کے مجھ سے بات کرتے۔ بہت احتیاط سے جیسے میں قدیم چینی کی پلیٹ ہوں۔ سنہری گل بوٹوں والی، قدیم نقاشی کا نمونہ۔ جسے سنبھال کر رکھا جاتا ہو۔ مگر یہاں تو میں وہ حسین پلیٹ ہوں جو ٹوٹ گئی ہے۔ نقاشی کا نمونہ ہونے کے باوجود گھوڑے پر پڑی ہے۔

ٹوٹنے کے بعد کون ان گل بوٹوں پر غور کرتا پھرے۔

اب میں ایک گھریلو عورت ہوں۔ مجھے اپنے نرم و نازک احساسات کے ساتھ زندہ رہنا بہت مہنگا پڑے گا۔ بنجر علاقے میں ننھے منے پودوں اور سنہری دھان کی بالیوں کا تصور کس قدر فضول ہے۔ ایک دم بے ہودہ سا۔

جب اپنے گھر، اماں، آپا اور بھیا کی یاد ہاتھ دھو کے پیچھے پڑ جاتی ہے۔ تو میں منی کے ابا کو دبے دبے الفاظ میں دل کا ماجرا سنانے بیٹھی ہوں۔ اور اس کے جواب میں لمبا چوڑا لکچر زہر مار کرنا پڑتا ہے۔

وہ بہت کم بولتے ہیں جب بولنے پہ آتے ہیں اور جھنجھلا کے بولتے ہیں تو الیکشن لڑنے والے امیدواروں کی طرح ساری رات بھی کافی نہیں ہوتی۔

تم یقین کرو کہ میرا وہاں آنا ناممکن ہو گیا۔ اول تو میرے پیچھے گھر بار سنبھالنے والا کون ہے۔ پھر منی کا اسکول وقت بے وقت تھوڑا ہی بند ہو سکتا ہے جب اسکول بند ہو جاتا ہے تو گرمی اس قدر شدید ہوتی ہے کہ منی کو اتنے لمبے سفر میں وہ کاہے کو میرے ساتھ آنے دیں گے۔

کتنی بار انہوں نے مجھے سمجھایا ہے کہ گھر جانا فضول خرچی ہے۔ ہمارے آگے لڑکی ہے پیسے رہیں گے تو کام آئیں گے۔ پیسہ پیسہ۔ کام کام۔ بس دو ہی چیزیں سننے کو ملتی ہیں۔ اور زندگی میں کسی چیز کی ضرورت نہیں ہے۔ یہاں اپنی طرف کی لڑکیاں بیاہ کے آئی ہیں اور اب تک کئی کئی بار میکے جا چکی ہیں مگر میں نے اپنے دل میں سر اٹھاتی خواہشوں کو کچلنا سیکھ لیا ہے۔

مجھے اس اچھے گھر کی کتنی آرزو تھی لوگوں کے گھر دیکھ کے منہ بنایا کرتی تھی۔ اے ہے۔ ذرا سلیقہ نہیں ہے۔ میں نہ ہوئی اتنے خوبصورت گھر میں۔ ثمو بیٹا۔ تیرا ابھی گھر ہو ہی

جائے گا۔ اماں معنیٰ خیز مسکراہٹ میں مستقبل کی بشارت دیتیں۔ تب تو میں بر آمدے کے ستونوں پر بلیک آئیڈ سوزن کی صندلی پھولوں والی بیل چڑھا دوں گی۔ ڈرائنگ روم میں سرخ قالین۔ ڈبل اسپرنگ والے صوفہ سٹ دیواروں سے لگے سرخ وازیز سے نیچے لٹکتی ہوئی منی پلانٹ کی نازک سبز ڈالیاں۔ خوبصورت پردے۔ شہ نشین پر سرخ گلابوں سے بھرا اگلدان۔

ڈائننگ ہال میں لمبا سا کھانے کا میز اور گلاسوں میں نیپکیس سے بنائے ہوئے پھول سنٹر میں دیواروں پر پھلوں والی تصویریں۔ رنگین پینٹنگس، اور بڈ روم دو ڈبل، اسپرنگ والے بڈز۔ سبز نبولی کے رنگ والے بڈ کورز ماٹنگ ٹیبل سبز بانات والا اور بھاری سبز پردے، الماریاں سبز شیڈز والے لیمپ اور اماں یوں حیرت سے منہ کھولے بیٹھی گورا کرتیں جیسے کہ کہہ رہی ہوں۔

ہائے بے شرم کہیں کی۔

کس کا بڈ روم سجایا جا رہا ہے۔ شفو اکثر اپنی پڑھائی چھوڑے بات کی بات میں ٹانگ اڑانے آجاتا اور میں اماں کی موجودگی میں منہ سے نکل گئے بے ساختہ جملوں پر آپ ہی شرما جاتی۔

مگر دیکھو شمو! مجھے کنگس وڈ کا فرنیچر زیادہ پسند ہے۔ خیال رکھنا اچھا؟

جیسے کسی نے پھولوں سے بھری ہٹنی جھکا کے چھوڑ دی۔ اب وہ باتیں تو صرف دل ہی دل میں حسرت سے دہرائی جاتی ہیں۔

ارے میری توبہ۔ شفو کا رشتہ بھی کوئی رشتہ ہے۔ جہاز کے ساتھ جانا پڑا تو سال دو سال تک پتہ نہیں چلتا کہ دنیا میں ہے بھی یا۔۔؟

خدا کیلئے چپ رہو آپا" میں جملہ پورا ہونے سے پہلے آپا کے منہ پر ہاتھ رکھ دیتی۔

انہیں کیا پتہ کہ شفود دو سال بعد بھی گھر آتا تو میں گلدانوں میں تازہ پھول لگائے خوبصورت سے گھر کو سجائے بیٹھی اس کا انتظار کرتی اور اس کے آنے تک اس کی نظموں کے مجموعے مجھے تنہائی کا احساس نہ ہونے دیتے اور میں اس لمبی چونچ والی چڑیا کی طرح اپنے آپ کو آزاد سمجھتی جو فالسے پکتے ہی چوں چوں کرتی ٹہنیوں پر پھدکتی پھرتی مگر میں اب خالہ بی کی مینا کی طرح اپنی بولی اور غذا بھی بھول گئی ہوں۔ خالہ کی مینا بھی ہمیشہ ان کی طرح تسبیح پھیرا کرتی۔

نام نبی کا لیا کرو

کلمہ نبی کا پڑھا کرو

اور فخر سے خالہ کا سینہ تن جاتا اور خالہ بی اس کو پراٹھے کے ٹکڑے کھلانے بیٹھ جاتیں۔

میرے بارے میں بھی منی کے ابا یہی سوچتے ہوں گے کہ چمن میں چہکنے والے پرندے کو میں نے صحرا کی ویرانیوں میں جینا سکھا دیا۔ کمبخت بہاروں کے نغمے بھی بھول گیا۔ سارے رشتے ناطے کچھ دھاگے بن گئے ہیں۔ ایک دھرتی کی تقسیم رشتوں ناطوں اور دلوں کی تقسیم بن گئی ہے۔ محبت، ممتا اور خون کا بٹوارہ ہو گیا۔

اپنی طرف جو کبھی جھونپڑوں میں رہا کرتے تھے وہ پہلے پہل یہاں آ کے عالیشان حویلیاں دبا کے بیٹھ گئے۔ اور جن بد نصیبوں کے برے، پختہ مکان تھے وہ اب چھوٹی چھوٹی جھونپڑیوں میں پڑے ہیں۔ اب بھی کئی ہیں جن کے دن بدل رہے ہیں۔ مگر مری ہوئی محبت، لٹی ہوئی ممتا اور نرم و نازک احساسات کون واپس دلائے گا۔ خالہ بی کی برسوں سے بند پڑی مینا کے پروں میں اڑنے کی طاقت کہاں آ پائے گی۔ کلمہ رٹنے والی اب اپنی بولی کس سے سیکھنے جائے گی۔

زندگی عجیب و غریب زاویوں میں تقسیم ہو گئی ہے۔ ان زاویوں نے سب کچھ نظروں سے اوجھل کر دیا۔ میں ایک روایتی بیوی اور ماں بن کے رہ گئی ہوں جس کیلئے اپنا ماضی یادرکھنا بھی ناقابل معافی گناہ ہے۔

یہ کمرہ تو میرا تابوت ہے جس پر چڑھا ہوا سیاہ غلاف سورج کی کرنیں بھی روک لیتا ہے۔ میں ان کرنوں کیلئے ترس گئی ہوں۔ مجھ میں اب بھی جان باقی ہے۔

میری اپنی آرزوئیں اب بھی جانکنی کی حالت میں تڑپتی ہیں۔ ہر طرف اندھیرا ہی اندھیرا ہے۔ گمبھیر اندھیرا۔ وہ جگہ کہاں ہے جہاں اجالا بکھرا پڑا ہے۔ جہاں صبح سویرے نرم چمکیلی کرنیں تاریکی میں بھٹکتے پھرنے والوں کو راستہ دکھاتی ہیں۔ مجھے تلووں میں پڑے ہوئے چھالوں اور لڑکھڑاتے قدموں کے ساتھ روشنی کی تلاش میں اور کب تک چلنا پڑے گا۔

ہر روز میں اپنے آپ سے پوچھتی ہوں

تمہیں دور دیس میں گائے جانے والے وطن کی بہاروں کے یہ اداس نغمے کیوں بھیج رہی ہوں۔ ان نغموں میں سرخ مسکراتے شگوفوں کی بجائے مرجھائی زرد کلیوں کی سسکیاں ہیں۔ دور دیس سے میں تمہیں اور کیا بھیج سکتی ہوں۔

(۳) زمینداروں کی منڈی

بھوری نے کھڑکی سے باہر دیکھا

چاندنی رات کی خاموشی میں ایک عجیب سا جادو تھا۔ ایک عجیب سا صحراا اس کے اپنے کھیتوں میں خاموش پودے سر جھکائے سو رہے تھے اور کوئی اس کے کانوں میں کہہ رہا تھا۔

یہ تیرے کھیت ہیں بھوری۔۔ یہ دور تک پھیلے ہوئے سر سبز کھیت جن میں سے ہوا گاتی ہوئی گذرتی ہے جن کے اوپر بادل جھومتے ہیں۔ جن میں تو نے اپنی امیدیں و آرزوئیں بوئی ہیں اور جو دھرتی کے سینے سے نرم کونپلیں بن کے ابھری ہیں۔ دھیرے دھیرے پروان چڑھی ہیں۔ جوان ہوئیں، یہ سنہری میٹھی خوشبو والی، بالیاں۔

یہ چکنی نرم پتیاں، بہار سبزی، میٹھی خوشبو، اور سیاہ مٹی کی مینڈھ جو کھیتوں کے اطراف یوں پھیلی ہوئی ہے جیسے کسی کنواری کے سبز دوپٹے کی گوٹ۔

ان میں اگے ہوئے۔ سونے جیسے دانے جب کٹنے کے بعد کھلیان میں ڈھیر ہوں گے تو ایسا لگے گا جیسے شدید محنت کر کے بہائے ہوئے پسینے کا ایک ایک قطرہ منجمد ہو گیا ہے۔

تیری اپنی محنت، تیرا اپنا لہو، تیرا اپنا ارمان، اور تو دانوں کے اس کھلیان تلے بیٹھ کے سوچے گی۔ کھلیان میں دانوں کی یہ پہاڑی میری محنت نے تخلیق کی ہے۔ میری محنت لہو، میرے کس بل اور میری امید نے اس پہاڑی کو یہاں میدان میں پیدا کیا ہے۔ ان دانوں میں میرے روپ کا سنہرا پن ہے۔

میری سانسوں کی خوشبو ہے۔ میرے سینے کا گداز ہے۔ میری آنکھوں کی چمک ہے۔ ان دانوں کیلئے میرے دل میں اتنی ممتا، اتنا پیار اور اتنی شفقت ہے جتنی اولاد کیلئے ماں کے دل میں ہوتی ہے۔ شاید تخلیق دنیا کی سب سے بڑی خوشی ہے۔

بھوری کے کانوں میں شاید اس کا مستقبل بول رہا تھا مگر اس آواز میں اتنی مٹھاس تھی کہ بھوری کے خشک ہونٹوں پر مسکراہٹ آگئی اس نے سوچا اس وقت کی مسکراہٹ بڑی اچھی لگ رہی ہوگی کتنے دنوں بعد اس کے دل میں گدگدی سی ہو رہی ہے۔ دن کا اجالا ہوتا تو وہ اپنی رس بھری مسکراہٹ فضا میں اچھالتی ہوئی اپنے کھیتوں میں چلی جاتی۔ لمبے لمبے پودوں کو سینے سے لگا لیتی۔ بالیوں پر پیار سے ہاتھ پھیرتی اور ان کے پیلے سونے کو چوم لیتی بالکل اسی طرح جیسے زنیو نے پچھلی بہار میں پہلی مرتبہ اس کے ہونٹوں پر کھلتی کلیوں کو چوما تھا اور بھوری نے اپنے دل میں عجیب سی گدگدی محسوس کی تھی۔ ایسا ہی میٹھا میٹھا درد اور ایسی ہی ناقابل فہم کسک، اس کا دل بہ یک وقت رونا بھی چاہتا تھا اور مسکرانا بھی۔ یہ عجیب سی کیفیت تھی۔ کوئی ایسا جذبہ ابھر آیا تھا جو اس کی سمجھ سے بالاتر تھا۔ اور آج بھی بھوری کے ہونٹ مسکرا رہے تھے اور آنکھیں جھلملا رہی تھیں۔

بھوری سوچنے لگی یہ کیا چیز ہے جو گرداب کی طرح چکر کھاتی ہوئی میری رگ رگ سے اٹھتی ہے۔ پھر میرے ہونٹوں پہ ہنسی بن جاتی ہے تو آنکھوں میں آنسو۔ یہ کیسا نرالا احساس ہے۔ یہ کیسی انوکھی کشمکش ہے۔ یہ مسکراہٹ کے اندر آنسو کیسے ہیں۔ یہ گدگدی کے نیچے درد کیسا ہے؟ یہ تہہ بہ تہہ سوئے ہوئے جذبے کیسے ہیں؟

جیسے دیہات کے گدلے نالے کے پاس پہاڑی راستہ ہے جس پر کوئی نہیں چلتا۔ کبھی کبھار اس راستے پر جانا پڑے تو یوں لگتا ہے جیسے قدموں کے نیچے پتھر کی تہیں ٹوٹ رہی ہیں۔ پہلی تہہ پر پیر پڑتا ہے تو دوسری بھی ٹوٹ جاتی ہے ایسا کوئی پتھر میرے۔ سینے

میں بھی ہے۔ اس پتھر کی تہیں مسکراہٹوں اور آنسوؤں سے مل کے بنی ہیں۔ ایک تہہ پر چوٹ پڑتی ہے تو دوسری بھی ٹوٹ جاتی ہے اسی لئے تو ہنسی اور آنسو دونوں گھل مل جاتے ہیں۔

بھوری کے ہونٹوں پر مسکراہٹ اور چمک گئی۔ اس نے اپنی دانست میں اپنی سب سے بڑی الجھن کا سبب جان لیا تھا لیکن زینو کہتا تھا کہ اس پہاڑی راستے کے نیچے جوالا مکھی چھپا ہے اور ایک دن پھٹ پڑے گا۔

کون جانے میرے دل کی تہوں کے نیچے بھی کوئی جوالا مکھی ہو۔

اس کی نگاہیں اپنے کھیت کے خاموش پودوں پر جمی ہوئی تھیں۔ جو پندرہ دن بعد بالکل تیار ہو جائیں گے اور جن کو وہ چاند سی، درانتی لے کے یوں کاٹنے جائے گی جیسے زمیندار اپنے نئے محل کو دیکھنے جاتا ہے۔

بھوری کو زمیندار والی اس غلط تشبیہ سے جھرجھری سی آ گئی۔ نہیں نہیں۔ وہ زمیندار کی طرح نہیں جائے گی۔ زمیندار تو دوسرے کی محنت پر قبضہ جمانے جاتا ہے۔ اس وقت اس کی آنکھوں میں کس قدر خوفناک چمک ہوتی ہے۔ اس کی ساری زندگی نئے نئے محل بنوانے اور ان محلوں میں دیہات کی کنواری لڑکیوں کو قید کرنے میں گذرتی ہے۔ گاؤں بھر کے کھیتوں میں اس کا حصہ ہے۔ گاؤں بھر کے مزدوروں میں اس کا حصہ ہے۔ آخر اس مفت کے حصے کا سلسلہ کب ختم ہو گا؟

بھوری کے ذہن میں ہزاروں بار یہ سوال گونجا تھا مگر وہ جواب نہیں سوچ سکتی تھی۔ جواب سوچنے سے پہلے اس کے دل کی نرم و گرم تہیں ٹوٹنے لگتیں۔ ایسی آگ ابلتی کہ بھوری کو اندیشہ ہونے لگتا کہیں جوالا مکھی پھٹ نہ پڑے۔

وہ کھڑکی کے پاس کھڑی سوچتی رہی۔ اس کے دماغ میں ہزاروں خیال تیزی

سے پیدا ہوتے۔ تیزی سے ٹکراتے اور ان کا ہجوم بھوری کے لئے پریشان کن ہو جاتا۔

آج بھوری کا ذہن اس کی بچپن سے اب تک گذری ہوئی زندگی کا ایک ایک لمحہ بڑی ایمانداری سے اس کے سامنے لا رہا تھا اور وہ بڑی محتاط نظروں سے ان لمحوں کو بغور دیکھتی۔ ان لمحوں کے پیچھے اپنے ماحول کا پورا عکس اس کو دھندلے خواب کی طرح ہلکے غبار میں لپٹا ہوا دکھائی دیتا۔ بعض لمحے بالکل واضح تھے جن پر نئے سکوں کی سی چمک تھی اور حرص وہوس کی خوفناک جلاء وہ دن، وہ لمحے ایک ایک کر کے سامنے آتے گئے۔

وہ دن بھی عجیب دن تھا جب زمیندار نے اپنے کھیت کے ایک ولی کو بھوری کے ہیں بھیجا تھا اور وٹی نے اس کو بتایا تھا کہ زمیندار کی مالن بیمار ہے۔ اس لئے تم کو زمیندار نے باغ میں کام کرنے کا حکم دیا ہے۔ بھوری نے بغیر منہ بنائے حامی بھر لی۔ وہاں اس نے پارو کو دیکھا جو ریشمی ساری اور چمکتے زیورات میں بھی افسردہ تھی جیسے جنگلی آزاد ہوا میں پلنے والے پھول کو شیشے کے صندوق میں بند کر دیا گیا ہو اور جو اپنی خوشبو اور تازگی کھونے کے بعد مرجھا گیا ہو اور اس پھول نے بھوری سے التجا کی۔ یہاں سے چلی جا بھوری۔ بھگوان کیلئے چلی جا۔ اگر بوڑھا زمیندار تجھے دیکھ لے گا تو تجھے بھی اس کال کوٹھری میں رہنا ہو گا۔ یہاں عجیب سی شادی ہوتی ہے۔ نہ دیئے جلتے ہیں۔ نہ مہندی لگتی ہے۔ نہ سہاگ گیت گائے جاتے ہیں اور نہ برات آتی ہے۔ بس بیاہ ہو جاتا ہے پھر کٹھ پتلیوں کی طرح ایک ایک کے ہاتھوں میں کھیلنا پڑتا ہے۔ تو جتنی جلدی ہو سکے یہاں سے بھاگ جا۔

اور وہ بڑا بھاری خوف اپنے دل میں لئے بھاگ آئی۔ اس نے راستے کا چکر بڑی تیزی سے کاٹا اور ہانپتی ہوئی آ کے زینو کے بازوں میں گر گئی۔

زینو اس نے سسکی لی اور اپنا سر زینو کے کندھے سے لگا دیا۔

"کیا بات ہے بھوری! زینو پریشان ہو گیا۔

وہ اپنی پارو تھی نا۔ وہی جو بچپن میں ہمارے ساتھ کھیلتی تھی۔ شریر سی لڑکی جب ہم نے ساون میں ہیروں پر جھولے ڈالے تھے اور پارو کے جھولے کی رسی ٹوٹ گئی تھی اور پاروتی پتھر پر گر پڑی تھی ایک نوکیلا پتھر اس کے اپنے گال میں دھنس گیا تھا۔ وہ زخم کا نشان اب تک اس کے گال پر موجود ہے۔ مگر آج میں نے اسے دیکھا۔ زمیندار کے محل میں وہ شریر پارو اب ایک رنجیدہ سی مریل عورت ہے۔ جب میں وہاں کام کرنے گئی تھی تو اس نے مجھے جلدی سے وہاں سے بھگا دیا۔ کہنے لگی اگر زمیندار تجھے دیکھے گا تو یہاں قید کر لے گا۔

اس نے بڑے چمکیلے کپڑے پہن رکھے تھے اور گہنوں سے لدی ہوئی تھی مگر اس کا چہرہ بالکل زرد تھا۔ اس کی آنکھیں بیمار کی آنکھوں کی طرح اداس اور کمزور تھیں۔

زینو سنجیدہ ہو گیا۔ اسی لئے تو کہتا ہوں کہ شادی ہو جائے تو اس زمیندار کے بچے کو اتنی ہمت بھی نہیں پڑے گی کہ تیری طرف نظر اٹھا کے دیکھ سکے پھر چاہے تو گاؤں میں اکیلی گھوم پھر لے۔ مگر اس فصل تک کچھ نہیں ہو سکتا۔ ادھر باپ بیمار ہے۔ کھاٹ سے اٹھنے کا بھی اس میں دم نہیں رات بھر کھانستا ہے اور دم یوں پھولتا ہے جیسے سینے میں دھونکنی چل رہی ہو اور یہاں کا ڈاکٹر کہتا ہے۔ شہر لے جاؤ۔ گاؤں کے دواخانے میں علاج نہیں ہو سکتا۔ اور میرے پاس پیسہ نہیں ہے۔ زندگی ایسی مجبور ہے کہ ہم جو سوچتے ہیں بس زندگی بھر سوچتے ہی رہتے ہیں۔

زینو کا گلہ رندھ گیا اور اس کی آنکھیں بھوری کی گہری خاموش آنکھوں ملیں تو اس کو احساس ہوا کہ وہ خود اپنا دکھڑا سنانے آئی تھی اور زینو اپنا دکھڑا لے بیٹھا۔ زینو نے سنبھل کے دیوار کا سہارا لیا اور لہجہ میں یقین پیدا کرنے کیلئے حلق صاف کرنے لگا۔

مگر تو یہ نہ سمجھ کہ یہ مجبوری عمر بھر کی ہے۔ تجھے کیا معلوم کہ میری راتیں کتنی

ڈراؤنی ہو گئی ہیں۔ رات بھر سوچتا سوچتا الجھنے لگتا ہوں مگر کچھ سمجھ میں نہیں آتا۔ پریشانیوں نے مجھ جیسے کڑیل جوان کو بے آس کر دیا ہے۔ کل گاؤں کے ساہوکار خان بابو کے پاس گیا تھا۔ باتوں باتوں میں اس نے کہا کہ۔۔۔۔۔۔۔۔ کہ۔۔۔۔

کیا کہا اس نے بھوری نے بڑے تردد سے پوچھا۔

تو سن کے کیا کرے گی۔ تجھے سن کے دکھ ہو گا، زینو کی پیشانی پر ابھری ہوئی ورید پھڑپھڑانے لگی۔ اس نے بھوری کے چہرے سے نظریں ہٹا لیں۔

خان بابو نے کہا۔ بڑا آیا بھوری کو بیاہنے والا۔ اس کو زمیندار کے محل میں بھیج دے تجھے کھانا بھی ملے گا۔ پیسہ بھی ملے گا اور بیمار باپ کی دوا بھی ملے گی۔ تو بے وقوف ہے ایسے رنگ روپ کی چھوکریاں زمینداروں کے محلوں میں اچھی لگتی ہیں۔ زمیندار سب لڑکیوں کے دام تو نہیں لگاتا پر میر اا س کا یارانہ ہے۔ کہہ سن کے تیری قسمت پھیر دوں گا۔ زینو نے ایک ہی سانس میں سب کچھ کہہ دیا اور اس دوران بھوری کی طرف دیکھنے کی اس کو جرات نہ ہوئی۔

بھوری حیرت زدہ سی آنکھیں پھاڑے زینو کو دیکھتی رہی۔ اور مختلف قسم کے رنگ چہرے پر آئے اور جاتے رہے۔

وہ یہ بھی کہتا تھا کہ اس طرح میر اپچھلا قرض بھی چکا دینا۔ سود بہت بڑھ گیا ہے۔ نہیں مانو گے تو مجبوراً کھیتوں پر آفت آئے گی۔

اور میں الٹے قدموں خالی ہاتھ لوٹ آیا۔ میر ا تو ہاتھ اس پر اٹھتے اٹھتے رہ گیا میں اس کو ضرور مارتا مگر زمیندار سے کہہ کے اپنے قرض میں میرے کھیت ضبط کروا لیتا تجھ کو ذرا ذرا سی بات کا پتہ ہے۔ تجھ کو یہ بھی معلوم ہے کہ اس نے کتنے کسانوں کی زمین اسی ترکیب سے قبضے میں کر لی ہے۔ اس کے پاس جتنی زمین ہے اتنی گاؤں بھر میں شاید کسی کسان کی

نہیں ہے۔ زمیندار تو ہر کسان سے زبردستی زمین لے لیتا ہے مگر خان بابو بہت ہوشیار آدمی ہے۔ وہ میٹھی چھری سے گلا کاٹتا ہے۔ سب کو دل کھول کے قرض دیتا ہے۔ اور بھاری سود لگاتا ہے کسان یہ سمجھ کے خوش ہو جاتے ہیں کہ خان بابو بڑا دریادل آدمی ہے، ہر کسان کے آڑے وقت کام آنے والا۔ اگر خان بابو نہ ہوتا تو گاؤں بھر کے لوگ بھوکوں مر جاتے۔

خان بابو اپنی طرف سے جس قدر چاہتا ہے قرض کی رقم کو بڑھا کر کھاتے میں لکھتا ہے کہ میرے کھیتوں کے دانے میں اس کا حصہ بڑھتا جاتا ہے۔ جب بھی اس کے ملنے جلنے والے یار دوست گاؤں آتے ہیں تو وہ ہمیشہ مجھ سے زیادہ سے زیادہ دانے لینے کی کوشش کرتا ہے کہ اس بہانے میں بھوکا مر جاؤں میں تجھے کیا بتاؤں کہ وہ مجھے کس طرح اپنی انگلیوں پر نچانا چاہتا ہے۔۔۔

مگر میں اُسکا کچھ نہیں بگاڑ سکتا۔ اول تو اس کی پشت پناہی زمیندار کرتا ہے جاگیردار کرتا ہے حتیٰ کے پٹیل پٹواری تک کرتے ہیں۔ کیونکہ وہ سب کسی نہ کسی وقت اُسکے آگے ہاتھ پھیلاتے ہیں۔ یہ اور بات ہے کہ وہ ان سے سود نہیں لیتا کہ زمیندار خوش رہے اور سارے غریب کسان اس کی مٹھی میں دبے رہیں۔ مجھے بھی دانہ کسی نہ کسی طرح دینا پڑتا ہے جیسے مکڑی کی جال میں مکھی پھنس جاتی ہے ویسے ہی میں قرض میں پھنسا ہوا ہوں۔

دانہ کٹنے کے بعد جاگیردار کا حصہ، زمیندار کا حصہ، پٹیل پٹواری کا حصہ اور دوسرے کی حصے جانے کے بعد دانہ ہی کہاں رہی جاتا ہے۔ اتنا بھی تو نہیں رہتا کہ کچھ بیچنے کے بعد گھر کے لئے سال بھر آرام سے نکل جائے۔ تجھ پر بھی۔ یہی سب گذرتی ہے۔ میرے بتانے کی ضرورت ہی کیا ہے۔

بھوری اپنے ہاتھوں پر تھوڑی رکھے اس کی باتیں سنتی رہی پھر بڑے سوچ بچار کے

بعد بولی "زینو۔۔۔ میری سمجھ میں یہ نہیں آتا کہ آقربیبیوں حصے ہماری محنت میں کیوں لگ جاتے ہیں۔؟

زنگیا سوچنے لگا۔۔۔ اس کو میں کس طریقہ سے سمجھا سکتا ہوں ساری باتیں۔ میں تو خیر شہر میں رہ کے پڑھ لکھ گیا ہوں اور اسی وجہ سے یہاں آتے ہی میں نے بات کی جڑ کو سمجھنے کی کوشش کی مگر بالماں (جسکو سب بھوری کہتے تھے، کیونکہ اس کے بال بالکل بھورے تھے مکئی کے بھٹے کی حفاظت کرنے والے سنہری لچھوں کی طرح) تو بالکل جاہل کی لٹھ تھی۔

اب تو پھر بھی زینو نے ہر ہر بات اس کو بڑی اچھی طرح سمجھائی تھی ورنہ وہ تو کئی بار زینو سے لڑ بیٹھتی کہ خان بابو کو بُرا نہ کہو بڑا دیالو انسان ہے مگر جب بھوری کے ماں باپ گاؤں کی بُری وبا میں چل بسے تو زنگیا کے باپ ملیا نے بھوری کی اور اس کی زمین کی حفاظت کی اور جب بھوری ترئی کی بیل کی طرح بڑھنے لگی تو ملیا نے کھیتوں کا کچھ کام اس کے ذمہ بھی کر دیا۔ ان دنوں زنگیا شہر میں پڑھتا تھا۔

شہر گاؤں سے بہت قریب تھا اور ملیا کا بھائی شہر میں جاگیر دار کے باغ کا کام کرتا تھا اسلئے زنگیا کو وہاں رہ کر پڑھنے میں زیادہ آسانی تھی۔ گاؤں کا چھوٹا اسکول پاس کر کے وہ شہر چلا گیا تھا۔

بھوری برابر اپنے کھیتوں میں جٹی رہتی۔ پھر رفتہ رفتہ اس کو گاؤں کے ہر آدمی کے بارے میں نئی نئی باتیں معلوم ہوتی گئیں اور پھر ایک دن زنگیا آگیا۔ صاف ستھری دھوتی، چھوٹی سی بند گلے کی کرتی اور ذرا ذرا سی ننھی مونچھیں جو بڑا رعب داب رکھتی تھیں۔

دونوں کے کھیت دانوں سے بھر گئے۔ جن کھلیانوں میں خاک اڑتی تھی ان میں مزدوروں نے بھوری اور زینو نے گیت گائے۔ دھان کے اونچے اونچے ٹیلوں پر چڑھے،

لوٹ پوٹ ہوے اپنے دلوں کو خوشی اور تسلی بخشی مگر اس خوشی کے پیچھے بے اطمنانی اور خوف چھپا تھا۔ دانوں کی تقسیم، لگان اور مزدوری۔۔۔ گھر جگہ جگہ سے شکستہ ہو گیا تھا اس کی مرمت کروانا ضروری ہو گیا تھا۔ زنگیا کے باپ کو مسلسل کھانسی کے دورے پڑنے لگے تھے، اس کی دوا دارو۔۔۔ نہ جانے ساہوکار نے کب کا قرضہ اکٹھا کر کے تقاضے شروع کر دیئے بھوری و زینو کی مصروفیت بڑھ گئ تھی، ان کو دوپہر کھانے کی فرصت بھی نہ ملتی جوار کی موٹی روٹیاں اور املی کی کھٹی چٹنی سارا سارا دن بھوری کے انچل میں بندھی کمر میں اڑسی رہتیں۔ جب سورج گھنے درختوں اور اونچے پہاڑوں کے درمیان سرخ انگارے کی طرح دہکنے لگتا اور دھوپ کھٹیوں کی مینڈھوں پر سے گذرتی ہوئی اونچے پیڑوں پر چمکنے لگتی۔۔۔ مختلف قسم کی چڑیاں ایک ساتھ شور مچانے لگتیں تو بھوری کیچڑ سے لت پت ہاتھ دھولیتی اور کمر سے کسا ہوا آنچل کھول کے روٹی، زنگیا کے سامنے رکھ دیتی۔

آج وہی بالماں بہت بڑی بڑی باتیں سمجھ لیتی تھی۔ بہت مشکل سوالات پوچھ لیتی۔ یہ دراصل زنگیا کے سمجھانے کا کمال تھا کہ بھوری گاؤں کی سب سے زیادہ سمجھدار لڑکی تھی مگر وہ ہر ایک سے اپنی قابلیت کا اظہار نہیں کرتی تھی۔ زینو کے سوا وہ کسی سے کڑے سوالات نہیں کرتی تھی۔ اور نہ وہ باتیں کسی اور کو بتاتی جن کو کہنے سے زینو اس کو منع کر دیتا۔

"آخر بیسیوں حصے ہماری محنت میں کیوں لگ جاتے ہیں؟" کتنا کٹھن سوال تھا یہ اسلئے کہ یہ سارا گاؤں جاگیر دار کا ہے، زمیندار، ساہوکار پٹیل پٹواری سب اس کے ساتھی ہیں جو ہمارے ہاتھ کاٹ کے اس کے ہاتھ مضبوط کرتے ہیں۔ جیسے پیسوں سے جوا کھیلا جاتا ہے۔ یہ ہمارے تمہارے جیون کا جوا کھیلتے ہیں۔ یہ حکومت کرنے والے لوگ ہیں اسلئے ہم کو ان کے حکم پر چلنا پڑتا ہے۔ ان کو زبردستی ہمارے سروں پر قائم کر دیا گیا ہے۔" تم

ہی بتاؤ یہاں کون ہے جو سرکار سے خوش ہے۔ ایساہی ظلم جاری رہاتو جنتا مر جائے گی۔ میری اپنی تکلیف اب مجھ سے کہی نہیں جاتی "میں جانتی ہوں زینو"۔۔۔ اس نے سر اٹھا یاتو آنسو زینو کے قدموں میں گر پڑے تو روتی ہے بھوری ؟ تجھے میرے دکھ کا کتنا خیال ہے اور یہ کمینہ خان بابو کہتا ہے " تجھے بیچ دوں۔ ہونھ ۔۔۔ میری چمڑی تک تیرے لئے بک سکتی ہے مگر کوئی تجھے ہاتھ بھی نہیں لگا سکتا۔" بھوری نے آنکھ اٹھاکے دیکھا۔ زینو کے بازو بہت مضبوط تھے۔"

ایک بات اور پوچھوں ؟

"پوچھ لے"

زمیندار گاؤں کی اتنی بہت سی لڑکیوں کو اپنے محل میں کیوں بند کر دیتا ہے ؟ کیا ان کی شادی کبھی نہیں ہوتی۔ ؟ بھوری نے بڑے فکر مندانہ انداز کے ساتھ آنکھیں جھپک کے پوچھااور دیوار سے ٹیک لگاکے بیٹھ گئی۔

" پچھلے مہینے جب میں جاگیر دار کا سامان شہر والے گھر میں اپنی بنڈی پر لے گیا تھا تو میں نے وہاں سنا تھا کہ زمیندار اپنے محل میں قید کی ہوئی لڑکیوں کو کچھ دن اپنے پاس رکھتا ہے اور پھر جاگیر دار کے ہاتھ بیچ دیتا ہے یا کبھی ایسا بھی ہوتا ہے کہ زمیندار کنواری لڑکیوں کے زیادہ دام لگاکے جاگیر دار کو فروخت کر دیتا ہے اور پھر جاگیر دار شہر لے جاتا ہے اور دلالوں کے ذریعہ منہ مانگے داموں پر ولی عہد ان کو خرید کر اپنے محل میں داخل کر لتیاہے۔ یہ ساراکام جاگیر دار و زمیندار خود نہیں کرتے۔ ان کے آدمی یہاں گاؤں میں بھی ہیں اور شہر میں بھی۔ لڑکیوں سے جو پیسے ملتے ہیں وہ جاگیر دار و زمیندار لے لیتے ہیں اور دلالوں کو بیچ میں الگ پیسے ملتے رہتے ہیں۔ یہ سمجھو کہ یہ آدمی جاگیر دار و زمیندار کے نوکر ہیں شہر میں یہ بات توسب ہی جانتے ہیں کہ وہاں کے ولی عہد نے تین سولڑکیاں قید

کرر کھی ہیں۔ اور ہر ماہ ان دلالوں کو بڑی بڑی رقمیں ملتی ہیں یا ان ماں باپ کو جو خود اپنی لڑکیوں کو بیچتے ہیں۔"

"کیا ماں باپ اپنی لڑکیوں کو خود بھی بیچ دیتے ہیں" بھوری نے حیرت سے آنکھیں پھیلا کر پوچھا۔

" ہاں جیسے ہمارے میں جاگیر دار کسی لڑکی کو مانگ لیتا ہے اور گاؤں والے دے دیتے ہیں اگر نہیں دیتے تو نقصان اٹھاتے ہیں اور زبردستی ان سے ان کی آنکھوں کا نور چھین لیا جاتا ہے۔ ایک باپ کی ضد سارے گاؤں کے لئے تباہی لاتی ہے اور ہوتا وہی ہے چاہے زبردستی اور جبر سے ہو۔۔۔ اس طرح ہمارے گاؤں کی خوبصورتی ایک ہاتھ سے دوسرے ہاتھ میں اور دوسرے سے تیرے ہاتھ میں پہونچ جاتی ہے۔ ایک منڈی سے دوسری منڈی اور دوسری سے تیسری میں بک جاتی ہے اور جھونپڑے میں پلے پاکیزہ قدم گندے محلوں میں چلے جاتے ہیں۔

وہاں انھیں شراب پلائی جاتی ہے۔۔۔ ان کی ننگی تصویریں لی جاتی ہیں۔ انھیں ناچ گانا سکھایا جاتا ہے۔ ان پر سخت نگرانی رکھی جاتی ہے۔۔۔ یہ سب مجھے ایک دلال نے بتایا جسکے ہاتھ ہمارے زمیندار لین دین کرتا ہے۔ اس نے یہ بھی بتایا تھا کہ ایک بار کوئی لڑکی ولی عہد کے محل میں داخل ہونے کے بعد کبھی باہر نہیں نکل سکتی۔ وہاں ہر قسم کی اور ہر ذات و ہر دھرم کی لڑکی موجود ہے۔ کچھ اپنی مرضی سے آتی ہیں جن کیلئے دنیا میں کوئی جگہ نہیں۔ کچھ لڑکیاں ایسی ہیں جن کے ماں باپ ان کو اپنی مفلسی سے تنگ آ کے محل میں لے جاتے ہیں۔ کچھ لڑکیاں زبردستی لائی جاتی ہیں۔ کچھ ایسی ہیں جن پر سرکار اپنا حق جتا کر لے جاتی ہے اور ایسی لڑکیاں ہماری تمہاری طرح غریب کسانوں اور مزدوروں کی ہوتی ہیں۔ غریبوں کی ہر چیز سرکار کی ہے۔۔۔ ہماری زندگی بھی۔۔۔!

اور وہ بدمعاش ساہوکار کہتا ہے۔۔۔ "زینو کے ماتھے پر بل پڑ گئے اور وہ ڈبڈبائی ہوئی آنکھوں سے بھوری کو دیکھنے لگا "اب جانے دو زینو۔۔۔ وہ بات نہ دہراؤ۔ مجھے دکھ ہوتا ہے۔"

"زینو۔۔۔! ایک دن دوپہر پیپل کی گھنی چھاؤں میں بیٹھ کے روٹی کھاتے ہوئے بھوری نے بات چھیڑی جب تم چھوٹے سے تھے اور گاؤں کے اسکول میں میلا سا کتابوں کا بستہ لئے پڑھنے جاتے تھے تب میں اپنی سہیلیوں سے بڑی شان سے کہتی "پڑھ لکھ کے زینو بہت بڑا آدمی بنے گا"۔ یہ بات باپو کی کہی ہوئی تھی جو میں دہرائے جاتی۔ پھر تم آگے پڑھنے کے لئے شہر چلے گئے۔ بہت سالوں بعد آئے تھے جو مجھے یقین ہو گیا تھا کہ تم گاؤں بھر میں سب سے زیادہ عقلمند اور اچھے آدمی ہو۔ تم ضرور بڑے افسر بن جاؤ گے۔ مگر تم نے چوپال پر سب سے کہہ دیا تھا کہ "میں افسر بننا نہیں چاہتا۔ میں تو اپنے باپ کی زمین پر کسان بن کے رہوں گا"۔

سچ۔ مجھے بڑی خوشی ہوئی تھی کہ تم اب دور نہیں جاؤ گے۔ اسی گاؤں میں رہو گے۔ تو کیا میں کسان بن کے اچھا نہیں لگتا؟

میرا یہ مطلب نہیں ہے زینو۔ تم کسان بن کے ہی اچھے لگتے ہو۔ اب یہی دیکھو تم نے مجھے کتنی باتیں بتائیں۔ کتنی نئی باتیں جو میں پہلے کبھی نہیں جانتی تھی۔ پہلے پہل تمہاری باتیں میری سمجھ میں نہیں آتی تھیں۔ بہت وقت لگتا تھا۔ پھر عادت ہو گئی اور اب تمہاری ہر بات بڑی آسانی سے میری سمجھ میں آ جاتی ہے۔ تم سمجھاتے بھی اچھی طرح ہونا۔ تم پڑھے لکھے ہو تم سب گاؤں والوں کو کیوں نہیں سمجھاتے کہ جہاں انھوں نے ہزاروں برسوں سے زمین دانے، لگان اور محنت کے لئے لڑائی جاری رکھی ہے وہیں وہ اپنی بیٹیوں کے لئے اپنی آبرو اور عزت کے لئے اکٹھے ہو کر جاگیر دار و زمین دار سے

لڑیں۔

تم کو پتہ ہے کہ ایسا بہت جلد ہو گا شہر میں رہ کے میں گاؤں کو کبھی نہیں بھولا ہوں۔

زینو کی آنکھیں چمکنے لگیں۔

تم نے مجھے اب تک یہ بات نہیں بتائی مگر میں سمجھتی ہوں کہ تم نے اس کام میں ہاتھ ضرور ڈالا ہے۔ اگر میں بھی تمہارا ہاتھ بٹاؤں تو یہ کام جلدی ہو سکتا ہے؟"

تم ہی نہیں سب کو مل جل کر سوچنا ہے۔ جب تک سب مل کر اس کام میں مدد نہ دیں یہ کام اتنی آسانی سے نہیں ہو سکتا۔ رفتہ رفتہ سب ہی لوگ اس بات کو سمجھ گئے ہیں کہ جب تک ہم خود بڑھ کر یہ سرکار نہ توڑ دیں، خود بخود سرکار نہیں ہٹے گی مگر خاموشی اور وفاداری اس کی بنیاد کو اور مضبوط بنادے گی۔ صبر کرنے اور ظلم سہنے کی حد ختم ہو چکی۔

اب ہم چپ رہ کر اپنی بے عزتی کا تماشہ نہیں دیکھ سکتے۔ تم ساتھ دو گی تو میری ہمت اور بڑھے گی "میں تمہاری مدد ضرور کرونگی۔ اچھا اب تم اٹھو، بھوکے ہو تو اور روٹی بچی ہے کھالو۔۔۔ شام کو گھر آنا۔۔۔

پھر فصل کٹی۔ پیلی پتیوں سنہری بالیوں کے لمبے لمبے وزنی پودے درانتیوں سے گیت گا گا کر کنواری لڑکیوں اور جوان عورتوں نے کاٹے۔ نو عمر لڑکوں اور ادھیڑ مردوں نے کاٹے اور کھیتوں میں پودوں کے ڈھیر جمع ہو گئے۔ پھر کھلیانوں میں دانوں کی پہاڑیاں بنیں۔ زینو اور بھوری نے زندگی بھر ساتھ رہنے کا وعدہ کیا۔ اپنے کھیتوں کا دانہ مٹھی میں لیکر قسم کھائی۔

پھر گاؤں کے نالے کے قریب مٹی کی اونچی ڈھیری کے قریب دونوں ہاتھ جوڑے کھڑے رہے۔

" ہم سب جانتے ہیں یہ اس کسان کی سمادھی ہے جس نے زمیندار کے نئے تعمیر

ہونے والے مکان میں بیگار کرنے سے صاف انکار کر دیا تھا۔ اگر آپ بیگار لینا چاہتے ہیں تو میں کام کرنے کیلئے تیار نہیں ہوں"

پھر کیا ہوا تھا۔۔۔ گنڈیا کے چھوٹے بیٹے نے پوچھا

زمیندار کے آدمیوں نے اس غریب کو اس قدر مارا پیٹا کہ جسم سارا زخمی ہو گیا۔

زمیندار کے غضب کی یہ حالت تھی کہ سامنے کھڑے ہو کر چلاتا تھا" اور مارو۔۔۔ اس بد معاش نے ہم سے بغاوت کی ہے۔۔۔ اور مارو۔۔۔ اور مارو صبح تک اس نے دم توڑ دیا۔ اس کی خودداری اور جرأت کے قصے کسان اپنے بچوں کو سناتے ہیں۔

ہاں۔ میری ماں نے بھی مجھ سے بیان کیا تھا۔ ہمارے گاؤں کے ہر حصے میں ایسے شہید سو رہے ہیں جنہوں نے جاگیر داروں، زمینداروں اور پٹیل پٹواریوں تک سے اپنے حق کیلئے لڑائی کی۔ جبر و ظلم کا منہ توڑ جواب دیا۔ رامو بھیا نے اسی گاؤں میں اپنی کنواری بہن کیلئے زمیندار پر کلہاڑی سے بھرپور وار کیا تھا مگر کمبخت مرا نہیں تھا۔ مگر اس کی سزا رامو بھیا کو موت کی صورت میں ملی۔

ایک دو نہیں، ہماری اس زمین پر ہزاروں لڑائیاں ہوئی ہیں۔ یہ دباؤ، یہ حکومت اب کی نہیں، بہت پرانی ہے۔ صدیوں پرانی۔ جتنا ظلم پرانا ہے، اتنی ہی اس کے خلاف لڑائی پرانی ہے۔ جہاں کسان نے بیگار کے خلاف، لگان کے لئے، زمین کیلئے اور دانے کے لئے آواز اٹھائی ہے۔ پوری قوت اور سچائی کیساتھ لڑائی جاری رکھی ہے وہیں اس نے عزت و آبرو کی حفاظت کیلئے بھی زبردست لڑائی جاری رکھی ہے۔ اسی لئے رامو بھیا کا نام ہم سب عزت سے لیتے ہیں۔۔۔

اس رات تمام کسانوں نے فیصلہ کر لیا کہ اس سال ہم اپنی سرکار کو اپنے دیہات کی کوئی جوان لڑکی نہیں دیں گے۔ ہم کئی سالوں سے اپنی لڑکیاں، اپنی آنکھوں کا نور اپنے

دل کی ٹھنڈک اور اپنے بدن کا لہو نچوڑ نچوڑ کر اس خونیں سرکار کو پلاتے آئے ہیں۔ اب اگر ہماری کھال بھی کھنچوادی گئی تب بھی ہم اپنے گھروں کا سکون نہیں دیں گے۔۔۔

"ہم زمینداروں کی منڈی میں اپنی کنواریاں کبھی نہ بکنے دیں گے۔ ہماری غیرت اس سرکار کے آگے نہیں جھک سکتی۔ ہم اپنا دانہ سرکار کو دیدیں، ساہوکار کو دیدیں۔ مولویوں اور پنڈتوں کو دیدیں پٹیل پٹواریوں کو دیدیں۔ ہم سے سرکار بیگار لے، ہم کو مارے بیٹے ہماری زمین چھین لے اور ہماری بیٹیاں بھی لے لے۔۔۔ ان کی منڈی سجا کے بیٹھ جائے۔ کیا سرکار دلالوں کی سرکار ہے۔ ہم سرکار کی ایک نہ چلنے دیں گے۔"

یہ وہ الفاظ تھے جو زینو نے کسانوں کے سامنے، پورے جوش، پورے اعتماد اور طاقتور لہجے میں کہے۔ کسانوں نے بھی غیر معمولی جوش وخروش کا مظاہرہ کیا۔ ہر ماں نے ہاتھ پھیلا کے زینو کیلئے دعا دی ہر باپ نے اس کو گلے لگا کے وفاداری کا عہد کیا۔ ہر کنواری نے سر پر آنچل ڈال کے بڑی عقیدت سے زینو کو دیکھا اور بھوری۔۔۔؟ اس کی آنکھوں میں آنسو تھے تو ہونٹوں پہ مسکراہٹ۔

وہ رات عجیب سی رات تھی۔ رات بھر کسان جاگ کے زمیندار کا انتظار کرتے رہے صبح ہونے میں کچھ دیر رہ گئی تھی۔ بھوری سوئی پڑی تھی اور گردن کی سفید نرم جلد کے نیچے نیلی رگیں دھڑک رہی تھیں۔

بوڑھے کسان نے آواز لگائی

"زینو۔۔۔ زنگیا۔۔۔" زینو ہڑبڑا کے اٹھ بیٹھا

"کیا ہے دیال چاچا؟ ہم لوگ تو جاگ رہے ہیں"

"ارے بیٹا بڑا غضب ہو گیا۔ زمیندار کے سپاہی آرہے ہیں۔ ان کو ہمارے فیصلے کا علم ہو گیا ہے اور وہ اس کو سرکار کی توہین سمجھتے ہیں، سرکار کے خلاف بغاوت سمجھتے ہیں اور

اسی لئے بہت سے سپاہی آرہے ہیں۔ اب کی بار وہ بھوری کو لے جانا چاہتے ہیں۔ کل بعض خوشامدی کسانوں نے جو زمین ضبط ہونے کے ڈر سے ہمارے فیصلے کے خلاف تھے۔ بھوری کے روپ کا قصہ خوب نمک مرچ لگا کے سنا دیا تھا اگر ہم نے ذرا بھی بزدلی دکھائی تو سویرا ہونے ہونے تک وہ بھوری کو لے جائیں گے۔

وہ زبردستی اسے چھین لیں گے۔ تم بھوری کو گاؤں بھر میں کہیں بھی چھپا دو، وہ ڈھونڈھ نکالیں گے۔ وہ تمھیں کال کوٹھری میں بند کر دیں گے۔ وہ تمھیں ماریں گے۔ اس لئے صرف یہی بچاؤ کا طریقہ ہے کہ پوری قوت سے، پوری طاقت سے آج جمع ہو کر مقابلہ کریں چاہے ہم سب مر جائیں مگر ہمارا فیصلہ اپنی جگہ قائم رہے۔۔۔ زندہ رہے۔"

بھوری جاگ پڑی تھی اُسکی آنکھیں حیرت اور ہیبت سے پھیل گئیں۔ زینو نے اس کو زور سے بھینچ لیا۔ خوف نہ کر بھوری۔۔۔ میں ابھی زندہ ہوں۔۔۔ میں تجھے اس منڈی میں کبھی نہ جانے دونگا۔ تجھے مجھ سے کوئی نہیں چھین سکتا۔ میں ان دلالوں سے لڑونگا۔ میں ان سپاہیوں کو مار ڈالونگا مگر تجھے ہاتھ نہیں لگانے دونگا۔

سارے کسان اکٹھے ہو گئے تھے اور پہاڑی راستے پر گھوڑوں کے ٹاپوں کی آواز تیز ہوتی جارہی تھی۔۔۔

بھوری نے پوری خوت سے زینو کے بازو پکڑ لیئے۔ ہوا میں سپاہیوں نے دو تین خالی فائر کئے اور بھوری کا دل جیسے حلق میں آگیا وہ سر سے پاؤں تک کانپ رہی تھی۔ اس کی آنکھیں بار بار تیزی سے راستے کو دیکھتیں۔ بھر زینوں کو بھر کسانوں کو۔۔۔ سامنے نکڑ پر گھوڑے دکھائی دینے لگے۔ زینو کے آگے سارے کسان جمع ہو گئے ان کی آنکھوں میں خوف اور عزم ملا جلا سا تھ۔ ان کے ہاتھ بار بار اپنے مضبوط ڈنڈوں پر جاتے۔ زینو اور بھوری کے آگے سارے کسان ساحلی چٹانوں کیطرح کھڑے تھے،

زمیندار سپاہوں کے پیچھے سب سے بانکے گھوڑے پر سوار تھے۔ ایک سپاہی نے آگے بڑھ کر کہا۔

سرکار کہتے ہیں "تم بھوری کو سیدھی طرح دے دوورنہ گولی چلے گی"۔۔۔

"سرکار سے کہو ہم گولی کھانے تیار ہیں مگر بھوری کو نہیں دیں گے"

زمیندار نے سپاہیوں کی طرف مسکرا کے دیکھا پھر کسانوں کی طرف دیکھا جو دور تک انسانوں کا کھیت معلوم ہو رہے تھے۔۔۔

سرکار کہتے ہیں "تمہارا فیصلہ ہمارے خلاف بغاوت ہے"

"ہماری عزت بڑی چیز ہے۔ ہم نہ عزت دیں گے نہ زمین" دیال نے زوردار لہجے میں پکار کر کہا۔

"تم چپ رہو۔ گستاخ آدمی" زمیندار نے اپنی سفید مونچھوں پر تاؤ دے کے ڈانٹا چپ رہنے کی حد ہوتی ہے۔ آپ سرکار ضرور ہیں مگر کیا یہ سرکار دلالوں کی سرکار ہے؟ دیال بھی شیر کی طرح گرجا۔

اس کو پکڑ لو۔۔۔ زمیندار نے دیال کی طرف انگلی اُٹھا کے اشارہ کیا۔ اور سپاہیوں نے اُسے پکڑ لیا۔

سرکار کہتے ہیں " اب بھی مان جاؤ۔ ہم تمہاری ہی بھلائی چاہتے ہیں، اگر بھوری کو چپ چاپ ہمارے حوالے کر دو تو ہم تمھیں معاف کر دیں گے۔"

"سرکار سے کہو ہم بھوری کو ہرگز نہیں دیں گے چاہے ہم سب کی جان چلی جائے" زینو نے کسانوں کو ہٹا کے سامنے آتے ہوئے کہا اور اس کے مضبوط بازو اکڑ گئے

"یہ کون زبان دراز ہے؟"

"سرکار یہ زینو ہے، بھوری کا منگیتر۔۔۔" سپاہی نے ہاتھ جوڑ کر عرض کیا "اچھا

۔۔۔ تم یہاں آؤ۔۔۔" گھوڑے پر شان و شوکت سے بیٹھے ہوئے زمیندار نے مسکرا کے زینو کو اشارہ کیا۔ زینو اپنے ڈنڈے کو زمین پر ٹیک کے آگے آیا، اے بیوقوف کسان! ہم تم کو اس کے بدلے انعام دیں گے۔ اب بھی کچھ نہیں گیا ہے۔ ورنہ تم کو یہ معلوم ہونا چاہئے کہ ہم خالی ہاتھ ہرگز نہیں جاسکتے۔ ہم تم کو نقصان بھی نہیں پہنچانا چاہتے۔ اسلئے تم کو ہمارا حکم ہے بھوری کو ہمارے حوالے کر دو۔ جاؤ سپاہیو بھوری کو ڈھونڈ لاؤ۔۔۔ زمیندار نے پھر مونچھوں پر تاؤ دے کر اپنی پیشانی سے پسینہ پونچا۔ اس کے آنکھوں کی بھیانک چمک اور بڑھ گئی۔ سپاہیوں کے درمیان سروں پر پٹر و مکس رکھے بہت سے مزدور تھے۔ سپاہی کسانوں کو ہٹاہٹا کے آگے بڑھنے لگے اور جب بھوری نے چیخ ماری تو زمیندار کے پاس کھڑے ہوئے زینو نے بجلی کی سی تیزی سے اپنی لٹھ سے زمیندار پر زبردست وار کیا اور زمیندار گھوڑے کی پشت سے لٹک گیا۔

سارے سپاہوں اور کسانوں میں کھلبلی مچ گئی۔ زمیندار کے سپاہیوں نے زینو کو پکڑ لیا اور کسانوں نے بھوری کو اپنے حلقہ میں لے لیا۔

لاٹھیاں اور بندوقیں چلیں مگر زمیندار کے سپاہوں کو خالی ہاتھ لوٹنا پڑا۔

زمیندار کے جسم پر شدید ضرب پڑی تھی اور سپاہی اس کے بے ہوش جسم کو گھوڑے پر ڈالے محل جارہے تھے۔ اور زینو رسیوں سے بندھا گھسٹتا ہوا ان کے پیچھے تھا۔

بھوری دھاڑیں مار مار کے رو رہی تھی میں بھی جاؤنگی زینو کے ساتھ"

نہیں بھوری۔۔۔ زینو نے آج بہت بڑا کام کیا ہے۔۔۔ اس نے آج ہر روایت توڑ دی تیری خاطر، گاؤں کی عزت کی خاطر۔۔۔ ہم سب کی خاطر۔۔۔ اب تو اس محل میں نہیں جاسکتی۔۔۔ شوکت نے اس کے سر پر شفقت سے ہاتھ رکھا۔

زینو کو چھڑانے کی کسانوں نے جان توڑ کوشش کی۔۔۔ مگر وہ تو خود ہی ان کا حلقہ

توڑ کے زمیندار کے قریب آگیا تھا اور اس طرح سپاہیوں نے اس کو گھیر لیا تھا۔

کسانوں کا فیصلہ اٹل تھا۔ اور وہ سرکار کو شکست دے کر آئے تھے۔ انھوں نے سرکار کے منہ پر زبردست طمانچہ مارا تھا۔ وہ ایک لڑکی کو ظالم ہاتھوں سے بچا کر لے ائے تھے۔ وہ اپنے کھیتوں میں بیٹھے سوچ رہے تھے اگر ہم نے اسی طرح حوصلے سے کام لیا تو یہ کھیت ہمارے ہونگے، یہ دانہ ہمارا ہو گا۔ یہ زمین ہماری ہو گی اور ہماری عزت منڈیوں میں بکنے نہیں جائے گی۔۔۔ یہ تجربہ بہت کامیاب تھا۔ یہ مقابلہ بہت سخت تھا جس میں ہماری جیت ہوئی۔ سرکار منہ کی کھائی سرکار کی شکست نے کسانوں کو اور مضبوط کر دیا۔ ان کو اپنے آپ پر اپنی قوت پر اپنی طاقت اور سچائی پر اور زیادہ اعتماد ہو گیا۔

اور آج کھڑکی میں کھڑی بھوری کو سب یاد آگیا۔ اپنے کھیتوں کو دیکھ کے اور چاندنی رات کے سحر کو محسوس کر کے آج اُسکا ذہن زندگی کی ایک ایک بات کو دہرانے لگا۔ اس نے بڑے فخر سے اپنے آپ کو دیکھا۔ میرا وجود آج بھی ویسا ہی پاکیزہ ہے جیسا شاید میری پیدائش پر ہو گا۔۔۔ اس نے سوچا۔۔۔ ہاں مگر ان ہونٹوں پر اب بھی زینو کے ہونٹوں کا لمس تازہ ہے۔ شانوں پر اب بھی زینو کے مضبوط ہاتھوں کا دباؤ باقی ہے اور دل میں اب بھی زینو کے لئے ویسی ہی چاہت اور پیار ہے۔ منگلو کہہ رہا تھا کل زینو چھوٹ جائے گا۔ اتنے زمانے بعد میں زینو کو دیکھ سکونگی۔ شوکت بھیا کہتے تھے زینو کو سرکار خود نقصان پہونچانا نہیں چاہتی زینو کسان سبھا کا آدمی ہے۔ اگر زینو کو کچھ ہو گیا تو زمیندار کی خیر نہیں ہے۔ اسلئے سرکار زینو سے ہی نہیں ہم سب سے ڈرنے لگی ہے۔ وہ یہ بھی کہتے تھے زینو بہت دبلا ہو گیا ہے۔ ہو جانے دو۔ میں زینو کو زندہ لینا چاہتی ہوں بس پھر ہم دونوں کھیتوں میں کام کریں گے۔۔۔ کیسا مزہ آئے گا پھر۔۔۔ بھوری نے ہنس کے دونوں ہاتھوں میں چہرہ چھپا لیا۔ وہ سوچنے لگی پھر میں کسان سبھا میں مل جاؤنگی اور سرکار کو کمزور بنانے میں

زنیو کے برابر حصہ لو نگی زندگی ہماری اپنی ہو گی ان کھیتوں کی طرح۔۔۔ جھونپڑے میں پلے ہوئے پاکیزہ قدم ہر طرف پاکیزہ گی بکھیریں گے۔۔۔ اور زمینداروں کی منڈی میں خاک اڑے گی۔۔۔

(۴) بُرا آدمی

جوگیندر سنگھ اپنی پگڑی ٹھیک کرتا ہوا کار کے قریب آیا۔۔۔ اب وہ کافی بوڑھا ہو گیا تھا۔ ریڑھ کی ہڈی میں جھکاو پیدا ہو جانے کے باوجود وہ تن کر چلنے کی کوشش کرتا۔ داڑھی کو اسی طرح خوبصورت انداز میں گوندھتا جیسے وہ آج سے تیس سال پہلے گوندھتا تھا۔

اب اس کے کپڑے زیادہ قیمتی ہوتے۔ یوں بھی جوگیندر سنگھ لباس کے معاملے میں اپنی نفاست اور خوش ذوقی کے ثبوت میں ہر روز ہم سب سے قمیض، پتلون اور ٹائی کے کلر میچنگ کیلئے داد حاصل کر لینا۔ اس کی گھنی داڑھی باریک بٹی ہوئی رسی کی طرح بالوں کے پیچ میں بڑی خوبصورتی سے کسی ہوئی بندھی ہوتی۔ اس کے ساتھ فیشن ایبل اونچی سوسائٹی کی عورتیں اکثر دیکھی جاتیں۔

اب تو جوگیندر سنگھ نے ٹکسٹائیل ملز کی معمولی نوکری چھوڑ کے امپورٹ۔ اکسپورٹ کا بزنس اپنا لیا تھا۔ اس کو برج اور رمی کھیلنے کی عادت پڑ گئی تھی۔ دیسی شراب کو وہ ہاتھ بھی نہ لگاتا۔ اب وہ بہت بڑا آدمی بن گیا تھا۔ اپنی کوششوں اور چالاکی سے اس نے بڑے بڑے سرمایہ داروں کو پیچھے چھوڑ دیا۔ قیمتی گھڑی، ہیرے کا ٹائی پن اور سونے کے کف لنکس، جیب میں قیمتی فونٹن پن اور باہر کی شراب کے باٹلز کار میں ہر وقت رکھے رہتے۔

ہر چیز قیمتی اور کمیاب تھی مگر اب جوگیندر خود بہت سستا نظر آتا! میں اس روپ میں اس کو دیکھ کے حیران رہ گیا۔

کیا وہ ایک بڑا آدمی بھی بن سکتا ہے۔؟ مجھے یقین نہ آیا۔

مجھے یاد ہے کہ میں اور جوگیندر سنگھ ٹکسٹائیل ملز میں ساتھ ساتھ کام کرتے تھے میں کاٹن سلکٹر تھا اور وہ ویونگ ماسٹر۔۔۔ اسوقت بھی اُسکی تنخواہ مجھ سے دوگنی تھی۔ ملز کالونی میں اُسکو دو منزل بنگلہ ملا تھا اور فیکٹری کی طرف سے کار کی سہولت بھی موجود تھی۔ اس نے دو بار جاپان جا کے وہاں کی صنعتی ترقی کے بارے میں معلومات حاصل کی تھیں۔ ہر ایک سے ہنس کے بات کرنا اب اُسکے لہجے کی خصوصیت تھی۔

کام کرنے کی ہمارے دلوں میں لگن ہی نہیں۔ جاپان میں بالکل بڑھے آدمی بھی آرام لئے بغیر دیوانوں کی طرح کام کرتے ہیں۔ لائف انجوائے کرنا اسی کام کے بعد ممکن ہے۔

وہ کاندھے تھپتھپا کے ہنس ہنس کے اپنے ڈیپارٹمنٹ کے لوگوں میں کام کرنے کا جذبہ اُبھارنے کی کوشش کرتا۔ وہ خود بھی بڑا محنتی تھا۔ کام کے بعد اپنے گھر کے ڈیکوریشن اور اپنے کمپونڈ میں پھیلے ہوئے چمن پر بڑی توجہ دیتا۔ مالی ہر وقت اس کی ہدایات پر پریشان رہتے مگر جوگیندر سنگھ بڑا زندہ دل اور ہنس مکھ انسان تھا اسلئے اُسکے ساتھ کام کرنا بھی اچھا لگتا۔

کلب میں آتا تو بلیرڈز کے تین گیمس کھیلنے کے بعد گھر چلا جاتا اس کو رمی یا برج سے کوئی دلچسپی نہ تھی۔ رمی کھیلنے والے دو دو تین تین راتیں ٹیبل پر بیٹھے بیٹھے گذار دیتے مگر جوگیندر سنگھ ان کی طرف آنکھ اُٹھا کے بھی نہ دیکھتا۔۔۔ وہ اُسکو بیوقوفوں کی جنت کہتا تھا۔ بغیر تھکے محنت کرنا ہی اس کی زندگی کا اُصول تھا۔

اسکو اپنے وطن سے جنون کی حد تک پیار تھا۔ ایسے لوگ کسقدر گمنام ہوتے ہیں۔ میں اکثر سوچتا۔ اگر ایسے لوگوں کو حکومت کی مشنری میں جگہ مل جائے تو۔۔۔ مگر وہ اپنی

جگہ اپنے فرائض خوبصورتی سے سنبھارہا تھا یہی کیا کم تھا۔۔۔اُس زمانے میں مسٹر دیسائی ملز کے جنرل منیجر تھے۔ ملز سے اکثر موریوں کے اندر سے ، وینٹی لیٹرز سے بیسیوں گز کپڑا چوری جاتا۔ سکیورٹی آفیسر نے ان چھوٹی چھوٹی چوریوں پر کڑی نظر رکھی تھی وہ سارے راستے بند کروادیئے تھے جن راستوں سے کپڑا باہر جاتا تھا۔

پھر ان مزدوروں کی باقاعدہ جھڑتی ہوتی جن کی ڈیوٹی رات کی ہوتی۔

اس طرح چوریاں بالکل ختم تو نہ ہوئی تھیں مگر کم ضرور ہو گئی تھیں۔

ایک شام جوگیندر سنگھ ہاتھ میں ٹیلی گرام لئے میرے گھر آیا آنکھیں سرخ تھیں، بال پریشان، ماتھے پر بکھرے ہوئے۔

کیابات ہے جوگیندر۔۔۔؟ میں نے اس کا ہاتھ پکڑ کے صوفے پر بٹھادیا۔

"میری ماں، میری ماں۔۔۔یار۔۔۔"

"کیا ہوا تمہاری ماں کو۔۔۔؟" میں نے ٹیلی گرام اس کے ہاتھ سے لے لیا اب اس کی ماں اس دنیا میں نہیں رہ گئی تھی۔۔۔

پھر جوگیندر بلک بلک کر رویا۔ اس چھوٹے بچے کی طرح جو کسی میلے میں اپنی ماں سے بچھڑ گیا ہو۔ جوگیندر سنگھ اپنی ماں کو بہت چاہتا تھا۔ چھٹی لے کے دیہات جاتے ہوئے وہ ماں کے لئے گرم شال، اصلی شہد اور ڈوپٹوں کا ململ لے جانا کبھی نہ بھولتا۔

میں نہ اس کو تسلی دے سکا نہ سمجھا سکا۔ اس قدر ہنس مکھ چہرہ آنسوؤں میں بھیگ کر اُداس ہو گیا تھا۔ جن آنکھوں میں سدا مسکراہٹوں کے چراغ روشن رہتے تھے۔ وہ آنکھیں بجھی بجھی سی تھیں۔۔بے نور سی۔

میں اس وقت سے اس کا گہرا دوست تھا جب ملز کی بنیاد پڑی تھی اور پہلے پہل کام شروع ہوا تھا۔ مشینیں باہر سے آئی تھیں۔ برسوں سے ہم ساتھ کام کر رہے تھے۔

پنجابی، مرہٹے، بنگالی، مہاراشٹرین، گجراتی، مدراسی، بنگلوری نارتھ انڈینس، ساوتھ انڈینس ۔۔۔ سب ہی ایک جگہ کام کرتے تھے ایک دوسرے کے دوست تھے۔ رشتہ داروں سے زیادہ اپنائیت اور یگانگت تھی آپس میں۔ اپنے اپنے شہروں سے دور یہاں ہم نے ایک ایسا شہر بسایا تھا۔

جس میں مختلف مذہبوں، مختلف طور طریق، مختلف تہذیبوں اور مختلف روایات رکھتے ہوئے بھی انسانیت کے ناطے ایک بندھن میں بندھے ہوئے ہم ایک دوسرے کے دکھ درد اور خوشیوں میں برابر کے شریک تھے۔ ملز میں کام کرنے والے ہر شام ایک دوسرے کے گھر جاتے کلب میں ملتے۔ تہواروں میں ایک دوسرے کو مبارکباد پیش کرتے۔ اور ان میں کسی قسم کا کوئی دکھاوایا بناوٹ نہ ہوتی۔

کسی طرح کا بھید بھاؤ آپس میں نہ برتا جاتا۔ ایسی جتنی فیکٹریاں ہیں اور ان کے اطراف ہزاروں گھر دور تک پھیلے ہوئے ہیں وہاں ایسی ہی فضا و ہوا ملتی ہے۔

اس کی ماں کی موت پر میں بھی جو گیندر سے لپٹ کے پھوٹ پڑا۔

اسی رات میں اور جو گیندر دیہات چلے گئے۔

واپسی پر وہ بہت غمزدہ تھا۔ اس کو معمولی دلاسہ اور تکلیف پہنچاتا تھا اس کی ماں نے جوانی کی بیوگی میں پہلا اور آخری سہارا یہی سنبھال کے رکھا تھا۔ بڑی بڑی مصیبتیں اور پریشانیاں اُٹھاکے جو گیندر کی پرورش کی تھی۔ پڑھایا لکھایا تھا، اچھی تربیت دی تھی۔ اور جو گیندر کو اس کا بہت احساس تھا۔ دیہات میں زمینات کا کام وہی سنبھالی تھی۔

ہماری واپسی کی رات ملز میں بہت بڑی چوری ہوگئی۔ کار جو گیندر سنگھ کی تھی جس میں ڈاکو پگڑیاں پہن کے ملز میں داخل ہوئے تھے کپڑا اور نئی مشینوں کے ضروری پارٹس غائب کرنے والی ٹولی سکیورٹی آفیسر کے ساتھ ملز میں آئی اور پھر یہ ہنگامہ برپا ہوا سکیورٹی

آفیسر نے اس تمام واقعہ سے لاعلمی، ظاہر کی تھی۔ جب جوگیندر سے واقعات پر روشنی ڈالنے کیلئے کہا گیا تو اس نے بتایا کہ وہ تمام رات اس نے سفر میں گذاری تھی اور میں اس کے ساتھ تھا۔

ایک زمانہ تک چھان بین ہوئی اور جب جوگیندر نے ذاتی دلچسپی لے کر کیس آگے بڑھایا اور تحقیقات میں خود حصہ لیا تو پتہ چلا کہ سکیورٹی آفیسر اور جنرل مینجر نے مل کر یہ کاروائی کی تھی۔

اسی زمانے میں جوگیندر کی منگیتر کی شادی کی دوسرے گھرانہ میں ہوگئی کیونکہ وہ اس شادی کو اسوقت تک ملتوی رکھنا چاہتا تھا جب تک اس چوری کے کیس کا کوئی فیصلہ نہ ہو جائے۔

دیسائی کے جانے کے بعد ہرنام سنگھ جنرل مینجر بن کے آگئے۔ ہرنام سنگھ اپنی فیملی کے ساتھ آئے تھے۔ ہم سب نے کلب میں انھیں مدعو کیا ان کی نئی نئی شادی ہوئی تھی۔ ہم سب نے مبارکباد دی۔ جوگیندر مبارکباد دینے آگے بڑھا تو مجھ سے ٹکرا کے کرسی پر گر پڑا اور پھر سنبھل کے پیچھے چلا گیا۔

اُسی رات جوگیندر شراب کے شیشے لئے میرے گھر آپہونچا وہ بے تحاشہ پی رہا تھا۔ کبھی خوب قہقہے لگاتا، کبھی بلک بلک کے روتا، کبھی جنرل مینجر کو گالیاں دیتا، کبھی اس کی نئی نویلی بیوی کو تم کو ایسا نہیں کرنا چاہئے جوگیندر۔۔۔ تم ہمیشہ سے ایک اچھے انسان ہو۔ تمہارا کیریکٹر بے داغ ہے میرے یار۔ تمہارا دل سچے موتی کی طرح خوبصورت ہے۔

اچھا آدمی کیسا ہوتا ہے۔۔۔؟ آہاہا۔۔۔ ہاہا اس نے ہنسی اڑائی ارے بیوقوفی کو تم اچھائی کہتے ہو؟ ہوں؟

بے داغ کیریکٹر کس کام آتا ہے۔۔۔؟ بولو۔ بولو۔۔۔ میرا کالر پکڑ کے اس نے

سرخ آنکھیں میری آنکھوں میں ڈال دیں۔ موتی جیسا خوبصورت دل میں نے اس سریندر کور کو دیا تھا جسکو بچپن سے دیوی بنا کے اپنے من مندر میں رکھ چھوڑا تھا اور آج وہ اس ہرنام سنگھ کی بیوی بن کر میری ویران زندگی کا مذاق اڑانے آئی ہے دیکھا تم نے کس قدر گہنے پہن رکھے تھے۔ ہرنام سنگھ کے نام کا سیندور اپنی مانگ میں بھر کر میری، سونی راہوں میں دھول اڑانے آئی ہے۔

اُف۔۔۔اُف۔۔۔اس نے کسی، ہوئی مٹھیوں سے اپنے ماتھے پر زور زور سے مارنا شروع کیا۔

دوسرے دن جو گیندر کا استعفیٰ منیجر کی میز پر رکھا تھا۔ جو گیندر چلا گیا۔۔۔ایک زمانہ تک اس کا کوئی پتہ نہ چلا۔

اور اب وہ میرے سامنے ایک برے آدمی کے روپ میں آیا تھا شرابی، دھندے باز اور خود غرض بن کر۔۔۔

اتنے اچھے انسان کو برا آدمی بنانے کا ذمہ دار کون ہے؟

ہمارا معاشرہ۔۔۔؟ سریندر کوریا ہرنام سنگھ۔۔۔؟

کار اسٹارٹ کر کے ریورس میں لیتے ہوئے دیر تک سوچتا رہا اور ہاتھ ملا کر اس کو خدا حافظ کہا۔

آج اس نے باتوں باتوں میں مجھے بتایا تھا کہ "دراصل کبھی عمر میں بڑا بیوقوف تھا۔ نا تجربہ کار، دنیاداری سے ناواقف ذرا سے دل ٹوٹنے پر رونے والے ناسمجھ بچے کی طرح ۔۔۔ مگر اب حالات نے سب کچھ سکھا دیا ہے۔ ہم اس نظام میں اس طرح ایک دم تبدیل ہو کر ہی جی سکتے ہیں یار۔۔۔ اس نے کہا تھا۔

یہ اس کی اپنی آواز نہیں تھی۔ وہ تو ایک اچھا انسان تھا۔ دوستی کی خاطر جان پر کھیل

جانے والا۔۔۔ اپنے کیریکٹر کے دامن سے چوری کا داغ دھونے کی کوشش میں محبوبہ کو کھو دینے والا۔

مجھے اس کی موت کا واقعی رنج تھا۔ اس کی شخصیت کی کوئی بھی اچھائی زندہ نہ بچ سکی تھی!

(۵) رات کے گذرتے ہی

جمناں نے آنکھیں کھول کے ادھر ادھر دیکھا۔ اس کا شوہر چارپائی پر بے سدھ پڑا تھا دونوں بچے اس کے پیروں کے پاس سو رہے تھے۔ اس کے بالوں کا کسا ہوا جوڑا کھل گیا تھا وہ ہڑ بڑا کے بستر سے اٹھ بیٹی۔ پھر کھڑکی کھول کے باہر دیکھا۔ ابھی تک اندھیرا پھیلا ہوا تھا۔ ہر چیز پر ابھی تک اندھیرے کا لحاف پڑا تھا۔

برقی پول پر بلب جل رہا تھا اور اس کی ہلکی روشنی چھوٹے سے آنگن میں پڑ رہی تھی سستی شراب کی خالی بوتل چارپائی کے نیچے پڑی تھی۔ آنگن میں جھاڑو لگانے کے بعد اس نے چولھا جلایا۔ چائے بنا کے پی اور پھر رات کے بچے ہوئے پانی سے برتن دھوئے۔ ساری بکھری ہوئی چیزوں کو ترتیب سے رکھا۔

چاول پکائے۔ دال دھو کے ہانڈی چولھے پر چڑھادی

آہستہ آہستہ رات کا سیاہ لحاف کھیسکا کر سویرا پھلیتا گیا۔

اس نے بہو کو آواز دی " دروازہ بند کر لے میں ڈیوٹی پر جا رہی ہوں اور بغیر جواب سنے وہ جلدی سے گلی پار کر کے سڑک پر آگئی۔ صفائی کے دفتر جا کے، جھاڑو، گمپے (ٹوکرے) لے کے وہ جمعدار کے بتائے ہوئے پتہ پر پہونچ گئی۔ ہمیشہ پانچ چھ عورتیں مل کے چلتی تھیں۔ سبز رنگ کی ہنڈلوم ساڑیاں جن کے سرخ باڈر تھے۔ وہ اوڑھنیوں کے طور پر استعمال کرتی تھیں، جھاڑو کے بڑے بڑے کٹٹے جو اک خاص طریقہ سے بنائے جاتے جن سے لمبی چوڑی سڑکیں جھاڑنے میں آسانی ہوتی تھی۔

جمعدار کچھ دیر بعد ہوٹل سے چائے و بن کھا کے کلے میں پان دبا کے سائیکل پر آتا۔ ان کے کام کی نگرانی کرتا۔ انھیں نئی نئی ہدایتیں دیتا۔ ہر جھاڑنے والی عورت یا مرد اس کو اپنی تنخواہ سے پچاس روپئے دے دیتے تا کہ جمعدار وقت پر ان کی حاضری رجسٹر میں درج کر دے۔ پیسے نہ دینے کی صورت میں خوف و دہشت کے علاوہ نوکری ہر وقت خطرہ میں نظر آتی۔

جمعدار سے بڑا انسپکٹر تھا ایسی عورتیں جو صفائی کے دفتر میں ملازمت کرتی تھیں مگر کبھی سڑکیں جھاڑنے نہ آتی تھیں گھر بیٹھے گیارہ سو روپئے مل جاتے تھے۔ انسپکٹر صاحب کے تین سو روپئے اس تنخواہ سے مقرر تھے۔ جمعدار سو روپئے لیتا تھا ایسی عورتوں سے مقررہ تنخواہ انسپکٹر اور جمعدار کو اس لئے ملتی تھی کہ وہ ان عورتوں کی غیر حاضری کو کامیاب اداکاری سے چھپائے رکھتے۔ انسپکٹر سے کوئی پوچھتا تو وہ بتاتا کہ آجکل اس کی ڈیوٹی بشیر باغ پر لگادی گئی ہے یا وہ پنجہ گٹہ میں ڈیوٹی کرتی ہے۔ اوپر والے عہدہ دار اتو اس سے زیادہ نئی نئی ترکیبوں اور منصوبوں میں ملوث تھے۔

مگر جمناں کو ان تمام باتوں سے کیا سروکار تھا۔ وہ پندرہ برس سے کام کر رہی تھی اور پابندی سے اپنے عہدہ داروں کی مٹھی گرم کر رہی تھی اس طرح اس کی نوکری ایکساں بغیر ریکارڈ خراب ہوئے چل رہی تھی۔ اس نوکری میں سب بڑی شرط منہ بند رکھنا تھی۔

ویسے وہ نہ صرف نوکری میں بلکہ گھر میں بھی منہ بند رکھنے کی شرط پر عمل کرتی تھی۔ اس کا شوہر اس کی تنخواہ کا بڑا حصہ پی کھا کے اڑا دیتا۔ لے پالک لڑکا اور بہو اس کے پیسوں پر عیش کرتے۔ ایک کمرہ اور پتلے سے وارنڈے کا گھر اس نے اس زمانہ میں بنایا تھا جب ہر چیز آسانی سے اور کم محصول میں مل جاتی تھی۔ اب تو مرمت کروانا بھی مشکل

تھا۔ لے پالک لڑکے کی شادی کا قرض بھی وہی برسوں سے اتار رہی تھی۔ جس مہینہ میں زیادہ تنگی محسوس ہوتی وہ اپنے گلے کے سونے کے "گنڈلو" کسی ساہوکار کے پاس گروی رکھ دیتی۔ اس کے پیروں کے آدھ سیر وزنی چاندی کے توڑے پچاس روپئے میں ڈوب گئے تھے۔ یہ ڈوب جانا بھی یوں ہوتا کہ جب سود کی ندی چڑھتے چڑھتے باڑھ بن جاتی تو چھوٹی موٹی چیزوں سے لے کر سونے چاندی تک اس باڑھ میں ختم ہو جاتی، بہہ جاتی۔

امیر بننے کا کیسا آسان طریقہ ہے یہ۔۔۔ وہ سوچتی۔

وہ جس محکمہ میں کام کرتی تھی اس کے بل کلکٹر بھی لکھ پتی تھے۔ پیسے اینٹھنے کی ترکیبیں تو یہاں کے بابو لوگ جانتے ہی تھے۔

کروڑہا روپئے کی رقم کا حساب کتاب برابر ہو جاتا تھا۔

معمولی جمعدار، انسپکٹر اور بل کلکٹر کے کئی کئی منزلہ پختہ مکان تھے جو کرایہ پر دے رکھے تھے ان لوگوں نے۔

"اس طرح پیسہ کمانے اور اس کو صحیح مد میں لگانے کا ہنر بھی جانتے ہیں ہم۔۔۔" ایک دن بل کلکٹر نے انسپکٹر سے کہا تھا۔ تب ہی وہ دونوں کے لئے سامنے والی ہوٹل سے چائے لے آئی تھی اور اس کو بیوقوف و جاہل سمجھ کے وہ دونوں گفتگو میں مصروف رہے۔ وہ اپنی عمر، تجربہ اور عقل سے تو یہ بات سمجھ لیتی تھی مگر ایسی باتیں کرنا، یا سمجھانا اس کو نہیں آتا تھا۔ بس اس کی زندگی میں تو ایک ہی جیسی اندھیری صبح تھی جب وہ جاگ جاتی تھی۔ جلدی جلدی اپنے حصے کا کام نمٹا کے وہ صفائی کے دفتر جاتی۔ جمعدار بڑا ایماندار آدمی تھا۔ پیسے لیتا تھا تو کیا ہوا۔ حاضری بھی ہو صحیح وقت کی ڈالتا تھا۔ چاہے سات بجے جاؤ، حاضری تو پانچ بجے صبح کی پڑتی تھی۔ کبھی بہت دور جھاڑو و گمپے اٹھا کے پیدل جانا پڑتا۔ کبھی دو میل دور کی سڑکیں جھاڑو، کبھی چار میل دور کی۔۔۔ نوکری تو نوکری ہی ہے۔

جس گھر کی عورتیں پیسہ کما کے لاتی ہیں، اس گھر کے مردوں میں نسوانیت بڑھ جاتی ہے۔ حکیم صاحب اکثر ہنس کے اپنے ساتھی سے کہا کرتے جن کے مطب کے آگے وہ روز جھاڑو لگاتی تھی جب جمناں نے ہاتھ جوڑ کے مطلب پوچھا وہ بولے "بھئی جب عورتیں مرد بن کے میدان میں آجائیں تو مرد شرما کے منہ پھیر ہی لیں گے، تم کماتی ہو تو تمہارا مرد گھر میں کھاٹ پر پڑا اینٹھتا ہوگا، اس کو کیا پڑی ہے کہ محنت کرے۔

دل ہی دل میں جمناں قائل ہوگئی۔ حکیم صاحب کی قابلیت اور اندازے کی۔۔۔ جھاڑو سے سڑکوں کی دھول اڑتی رہتی اور اس کے بالوں پر جمتی رہتی۔

صبح کب ہوئی، پنچھی گھونسلوں سے کب اڑے، کرنیں پھولوں پر کب چمکیں اندھیرے کا لحاف کب تار تار ہوا۔ اسے کچھ خبر نہ ہوتی۔ پانچ بجے صبح سے پیٹھ جھکائے وہ سڑکیں جھاڑتی تھی۔

لوگ کس قدر گندہ اور غلیظ کر دیتے ہیں سڑکوں کو۔۔۔ سڑی بسی سبزیوں کا ڈھیر، اخبار کاغذ اور پھٹی ہوئی پالی تھِن کی تھیلیاں۔ دھجیاں، باسی کھانے اور سالن کی بدبو۔۔۔ جگہ جگہ پان کی پیک، جانوروں اور انسانوں کی غلاظت! وہ اپنا جی مار کے صفائی کرتی رہتی کوڑے کے ڈھیر جانے کتنے دنوں سے نہیں اٹھے۔۔۔ حلق میں متلی و جلن کا احساس ہوتا۔ وہ ابکائی روک لیتی۔ وہ بھی تو انسان ہے صبح پانچ بجے سے دس بج جاتے۔ وہ پسینہ و دھول میں نہا جاتی جب جھاڑو رکھ سر اٹھاتی تو بس ملنے اور گھر جانے کی جلدی ہوتی کبھی بس نکل جاتی تو بس کے ساتھ ساتھ اس کی جان بھی نکل جاتی۔

پھر دو بجے اس کو دفتر میں رپورٹ بھی دینا ہے۔ پانچ بجے وہ گھر پہنچے گی۔ نہا دھو کے کپڑے بدل کے وہ انجینیر صاحب کے باغیچے میں درختوں کو پانی دے کر گھر آئے گی، تھکی ہاری۔۔۔

آدھی رات کو جنگیا کی بھاری آوازیں اس کا سکون برباد کر دے گی اس کی کسی بات کا جواب دے گی تو وہ دانت کچکچا کے اسے مارنے دوڑے گا آخر وہ اپنے احساس کمتری کو کس طرح دور کرے؟ ہر روز کی طرح وہ بار بار دہرائے گا۔ ایک ہی سوال "مجھے اس کوٹر دلائے گی یا نہیں؟ بول کب دلائے گی؟ سینکڑوں روپئے کماتی ہے مگر اپنے مرد کو نہیں دیتی۔ کیا کرتی اس پیسے کا؟ کس کو دیتی ہے؟ کون ہے وہ؟

وہ خاموش بیٹھی رہے گی جیسے بہری ہے، گونگی ہے۔ سارے گھر کو سنبھالنے والی، اپنے گھر آ کے معذور و مجبور بن جاتی ہے ورنہ وہ مار مار کے بال کھینچ کھینچ کے اس کو ادھ موا بنا دیتا ہے۔ کتنی عجیب بات ہے کہ بیٹھے بیٹھے روٹی توڑنے والا اس طرح ظلم کرتا ہے۔ ہزاروں گھر ہیں ایسے جن میں یہی مجبوری و محتاجی ہے۔

عورتوں کے نصیب میں گھر بار سنبھالنے کی یہ سزا ضرور لکھی ہے۔ وہ روئے گی، سسکیاں لے گی اور اپنے بستر پر پڑ رہے گی۔

اس صبح کے انتظار میں جو کبھی نہیں آئی۔ اس روشنی کے انتظار میں جو کبھی نہیں پھیلی۔ اس زندگی پر تو مہیب سائے منڈلاتے رہے۔ امید کی کرن ان سایوں میں چمکتی رہی۔ شاید۔۔۔ شاید کبھی ایسی صبح آسمان کے دامن سے جنم لے جو ساری دنیا میں اجالے اور خوشیاں بھر دے۔ ہر چند خوبصورت و سہانی لگے دور دور تک اندھیرے کا نام و نشان نہ ہو۔ انسان ایک دوسرے پر بہانے بنا کے ظلم نہ کر سکے۔ محنت و جان توڑ محنت کے بعد تسلی اور سکون مل سکے۔ آرام و راحت کا احساس ہو۔

یہ نہیں کہ سویرا ہو اور اجالا نہ پھیلے، سورج نکلے مگر روشنی نہ ہو کرنیں صرف اندھیرے کو چمکا دیں۔

دل پر بوجھ نہ ہو، زندگی وزنی پتھر بن کر شانے پر دھری ہو۔ انسان جو سوچے وہ

کبھی تو پورا ہو۔ مگر کیسے ؟ وہ سوچتی رہی۔

میری زندگی میں تو بس رات کے گزرتے ہی اور ایک رات آ جاتی ہے کب سے ترس رہی ہوں روشنی کے لئے۔

زندگی ہے تو ڈھول، اور غلاظت بھری ۔۔۔ گھر ہے تو ایسا جس میں کوئی اپنا نظر نہیں آتا۔ آخر سب ہی کو کھلا کے تو کھاتی ہوں صرف اپنے لئے محنت نہیں کرتی۔ اس گھر کے لئے مرتی ہوں مگر کسی کی آنکھوں میں مروت نہیں ہے۔ ہر کوئی اپنی غرض کے لئے میرے آگے ہاتھ پھیلاتا ہے۔ سوتی ہوں تو نیند میں بھی بے چین رہتی ہوں جیسے اندھیرے میں کچھ ٹٹول رہی ہوں۔ کیا مجھے روشنی نہیں ملے گی؟ گھپ اندھیرے کے بعد کیا کبھی اجالا نہیں پھیلے گا؟

اجالا ضرور پھیلے گا۔ رات کے بعد ہی تو دن نکلتا ہے

میری زندگی کا دن بھی آئے گا۔ وہ دن کس قدر چمکیلا اور سہانا ہو گا پھر اندھیرے میں پلنے والی ساری بدصورتی ختم ہو جائے گی۔ تیز دھوپ ساری گندگی اور غلاظت چوس لے گی، روشنی اندھیرے پر پھیل جائے گی۔

سوچتے سوچتے وہ سو گئی تھی، صبح کے انتظار میں
روشنی کے آرزو لئے۔

(۶) نیلی جھیلیں

جوبلی ہلز بہت خوبصورت جگہ ہے یہاں دو نیلی نیلی حسین جھیلیں ہیں۔ کنول راج اور نندن سر۔ ان کے کنارے سبز کائی میں چھپی ہوئی چٹانیں ہیں اور دور تک پھیلا ہوا سبزہ۔ یہاں برستا کا حسن نکھر جاتا ہے لہریں لیتا ہوا پانی بیقرار موجوں میں تبدیل ہو جاتا ہے۔ چھوٹی چھوٹی موجیں جو تڑپتی ہیں۔ اچھلتی ہیں اور پھر سو جاتی ہیں۔ سوتی جاگتی لہریں، چھل چھل، ایک تڑپتا ہوا نغمہ جس میں برسات کا پر شور ابھار ہوتا ہے۔ کنارے مخملی ڈوب پر ننھے قطرے، پڑے تھر تھراتے رہتے ہیں۔ سورج کی شعاعوں میں نہائے رنگین قطرے۔ جو جمع ہو کر بھی جھیل میں گر جاتے ہیں۔ نئی لہریں بن جاتے ہیں۔

یہ جھیلیں جن کی گہرائی کو آنکھیں کھولے دیکھتے رہنے میں بڑا لطف آجاتا ہے جیسے آئینہ گھما کر نئے نئے منظر دیکھے جاسکتے ہیں۔ ویسے ہی اس جھیل میں کائی سے لپٹی چٹانیں، کچی سڑک پر اکا دکا چلتے آدمی اور آفتاب کا دہکتا ہوا چہرہ، سب ڈولتے رہتے ہیں اور چاندنی راتوں میں اس میں جھلملاتے تاروں اور پورے چاند کا رقص واقعی دیکھنے کے قابل ہوتا ہے۔ ان سے کرنیں پھوٹ کر ننھے گرداب پر پھیلتی ہیں۔ تارے سرک سرک کر اس کنارے سے اس کنارے تک جاتے ہیں۔ لرزتے، کانپتے ستارے۔

جب میں زندگی کی یکسانیت سے اکتا جاتا ہوں تو سینما دیکھنے یا سڑکوں پر آدھی رات تک آوارہ گھومنے کے بجائے جوبلی ہلز چلا جاتا ہوں گھنٹوں چٹان پر بیٹھے آنکھیں کھولے ان جھیلوں میں ان کی نیلی گہرائیوں میں دیکھا کرتا ہوں۔۔۔ اور صبح میری گردن اکڑی

اکڑی محسوس ہوتی ہے اور میں بڑی دیر تک اپنی گردن سہلاتا رہتا ہوں مگر نہ جانے ان جھیلوں میں کیا جادو ہے کہ میں کھنچا چلا جاتا ہوں۔ یوں محسوس ہوتا ہے کہ کوئی نیلی گہرائیوں سے اپنا گلابی ہاتھ نکالے بلاتا ہے، اشارے کرتا ہے۔

پھر ایک دن راک کاسل ہوٹل میں چائے پیتے ہوئے میں نے دو نیلی آنکھیں دیکھیں شاداب غنچے کی طرح کھلے ہوئے سرخ ہونٹ اور ملائم نازک ہاتھ۔ گرے اسکرٹ اور سرخ بلاؤز۔ میں نے گرم چائے کی پیالی ہونٹوں سے لگالی اور اسکی طرف کن انکھیوں سے دیکھا۔۔۔ اور وہ میری طرف دیکھ رہی تھی مگر میری طرح کن انکھیوں سے نہیں بلکہ حیرانی سے۔ اس کی بھوئیں چڑھی ہوئی تھیں اور آنکھیں حیرانی سے کھلی ہوئی۔ شاید میرے مسلسل گھورنے پر اس کو تعجب ہو رہا تھا۔ وہ سمجھ رہی ہو گی کہ عام ہندوستانیوں کی طرح عورت کے معاملہ میں ، میں بھی میں بھی گونگا ہوں جو صرف خوبصورت عورتوں کو گھور سکتا ہے، پیار بھری نظریں قربان کر سکتا ہے مگر زبان سے کچھ نہیں کہتا۔ مسکراتا ہے مگر بے باکی سے دلی جذبات کا اظہار نہیں کر سکتا۔

میں نے چائے کی پیالی میز پر رکھ دی۔ شیشے کی میز پر اس کا پرتو پڑرہا تھا مرمریں جسم، شانوں پر بکھری لٹیں جن سے ایک سرخ کلی جھانک رہی تھی اور بے چین، بے کل آنکھیں جن میں دو جھیلیں بند تھیں۔ میں نے نظر اٹھاکے پھر اس کی طرف دیکھا اور اس نے میری طرف۔ ان آنکھوں میں عجیب سی تحریر تھی جیسے اس کو میری جھجک پر ہنسی آ رہی تھی، میری بے بسی پر ترس کھا کے اس نے غور سے میری طرف دیکھا اور میں بھی بڑی دیر تک اس کی آنکھوں میں آنکھیں ڈالے سامنے چائے کی خالی پیالی رکھے بیٹھا رہا۔

"بیرا" دفعتاً وہ اٹھ کھڑی ہوئی

"یس میڈم" بیرا ہوٹل کے آخری کونے سے تیز تیز قدم رکھتا آیا۔

لڑکی کے ہونٹ ہلے بالکل اس انداز سے جیسے رنگین کلی چٹک جائے۔ اس سے قبل کہ وہ کچھ کہتی میں نے مسکراتے ہوئے بیرے سے کہا جاؤ کچھ بسکٹ لاؤ، بٹر سیڈس، کیک اور جو تمہارا جی چاہے۔

بیرا ہنس پڑا۔ جو میرا جی چاہے؟ ایس سر

"ہاں جو تمہارا جی چاہے"۔ جاؤ۔ میں نے تیز لہجہ میں کہا تو وہ چلا گیا۔ میں نے اس لڑکی کی طرف دیکھا۔

"آپ کو جلدی نہ ہو تو بیٹھ جایئے، پلیز، میرے ساتھ ایک چائے اور۔۔۔"اس نے تعجب سے میری طرف دیکھا جیسے اسے میری قوت گویائی پر شبہ ہے۔ جیسے گونگا یکلخت بول اٹھے۔

مگر جلدی ہی ایک نیا رنگ اس کے چہرے پر پھیل گیا۔ اس کی نظروں کی حیرانی مٹ گئی اس کی جگہ حقارت تھی، احساس برتری تھا۔ اس کی نگاہیں کہہ رہی تھیں "تم ہندوستانی ہونا؟ ہندوستانی بہت بد تمیز ہوتے ہیں۔ ان کو ملنے ملانے کا ایٹی کیٹ نہیں معلوم ہوتا، یعنی بغیر متعارف ہوئے تم کس قدر بے تکلفی سے باتیں کرتے ہوں۔ گنوار، اجڈ، جاہل ہندوستانی"۔

میں نے لڑکی کے اس جذبہ کی طرف قطعاً توجہ نہیں دی جو طوفان کی طرح اٹھا تھا۔ اس کے دل سے آنکھوں میں اور پھر آنکھوں سے چہرے پر اتر آیا تھا۔ اس کے دونوں ابروؤں کے درمیان جلد کی سلوٹ میں ایک رگ غصہ سے پھڑک رہی تھی۔ میرا جی چاہا اس رگ کو اپنے جلتے ہوئے ہونٹوں سے چوم لوں۔ اس طرح اس کا غصہ اتر سکتا تھا مگر میں اس جلد بازی سے کام لینا نہیں چاہتا تھا۔ بلکہ اس لمحے کا انتظار کرنا چاہتا تھا۔

بیرا اپنی پسند سے نہ جانے کیا کیا اٹھا لایا تھا۔ میں نے بٹر سیڈس کی پلیٹ اس کے

سامنے سرکا کر حکم یا

"لیجئے"

اس نے بادل ناخواستہ اپنی گداز انگلیوں میں تھام لیا۔ ہونٹوں تک لائی پھر بولی۔

تمہارا نام کیا ہے ؟

"رنچو" میں نے جواب دیا۔

"رنچو" وہ آنکھیں پھاڑ کے پوچھنے لگی

"ہاں۔ اتنا لمبا تڑنگا ہو گیا ہوں مگر ماں پیار سے پکارتی ہے۔ دراصل ہندوستانی ماؤں میں ممتا بہت ہوتی ہے نا!"

"تمہاری ماں کیا کرتی ہے ؟"

برتن مانجھتی ہے، کھانا پکاتی ہے، بچے پالتی ہے اور آدھی رات تک میرے بوڑھے باپ کے پیر دباتی ہے۔

چھی۔۔۔۔ بڑی گندی زندگی ہے۔ وہ بناوٹی لہجے میں بولی۔

"تمہارا نام کیا ہے ؟" میں نے اس کی نفرت کو نظر انداز کر کے پوچھا

"مرلن" وہ مدھم آواز میں بولی، اس نے ننھے سے رومال سے ہونٹ پونچھے ان پر زبان پھیری۔ ہونٹ گیلے ہو گئے، شگفتہ ہوئے ان میں رس بھر گیا۔ اب وہ باتیں بھی کر رہی تھی، بسکٹ بھی کھا رہی تھی اور لہجے میں بیزاری بھی نہیں تھی۔ عورت بھی کیا چیز ہے۔ میں نے سوچا۔

عورت کہیں کی ہو، کہیں بھی ہو عورت ہی رہتی ہے۔ پہلے رعب ڈالے گی بیزاری سے منہ پھیر لے گی۔ وقار تمکنت کی دھونس جمائے گی، تکلف برتے گی پھر گھل مل جائے گی۔ باتیں کرے گی اور بسکٹ کھائے گی۔

یہی سوچ کے میں ہنس پڑا۔

مرلن بولی "تم اتنی زور سے کیوں ہنستے ہو"؟

"اس لئے کہ مجھے نیلی جھیلوں سے عشق ہے اور جب میں آنکھیں کھولے ان کی گہرائیوں میں دیکھتا ہوں تو فرط مسرت سے ایسا ہی گونجتا ہوا قہقہہ میرے ہونٹوں سے پھوٹ پڑتا ہے"۔

"جھیل۔۔۔"وہ حیران لہجہ میں بولی "یہاں کہاں ہے جھیل"؟

"تمہاری آنکھوں میں"۔

وہ یوں دیکھنے لگی جیسے میں پاگل ہوں۔

آنکھوں میں بھی جھیل ہوتی ہے؟ اس نے بڑی معصومیت سے پوچھا

میں نے جھلا کر کہا "تم بات کی لطافت کو نہ سمجھ سکو گی"۔

اور وہ خاموش ہو گئی۔

۔۔۔۔۔۔

اس ملاقات کے بعد مرلن مجھ سے قریب آتی گئی۔ اس کی نفرت فنا ہو چکی تھی اور نفرت کے مٹے ہوئے احساس پر محبت کا نیا احساس گہرے نقوش ابھارتا رہا۔ پہلی ملاقات میں پیار کا جو بیج بویا تھا اس کی کونپل، بڑھتی رہی، ہری بھری شاخیں، چکنے تازہ پتے اور موٹا مضبوط تنا۔ بڑی بڑی جڑیں جو پودے کو درخت میں تبدیل کر چکی تھیں۔

ایک بار مل لینے کے بعد نہ معلوم کتنی بار میں مرلن سے ملا اور پھر جوبلی ہلز کی جھیلوں نے مجھے کبھی نہیں بلایا اور نہ میں ان کی طرف کھنچا ہوا گیا۔

ان جھیلوں سے زیادہ خوبصورت پیاری جھیلیں مجھے مل گئی تھیں۔

گہری، عمیق جن کی تہہ کا پتہ ہی نہ چلتا تھا۔

میں جھکا ہوا، آنکھیں کھولے ان جھیلوں میں دیکھتا رہا اور مرلن میرے شانے سے سر لگائے بیٹھی رہی اور چار سال گزر گئے ان چار سالوں میں میری زندگی کے ہزاروں یادگار لمحے چھپے ہوئے ہیں وہ مدت اپنے دامن میں زندگی کی جنت سمیٹ لے گئی۔ ایک ایک لمحہ اب تک میرے ذہن میں جوں کا توں محفوظ ہے۔

ایک زمانہ گذر چکا ہے۔ مگر ایسا معلوم ہوتا ہے جیسے کل ہی تو میں مرلن سے متعارف ہوا تھا۔ میرے ہونٹوں پر اب تک مرلن کے گرم شیریں ہونٹوں کا لمس زندہ ہے وہ حیران، کھوئی کھوئی سی لڑکی جس کے گالوں کا رنگ کشمیر کے سیبوں کی طرح سرخ تھا، جس کی آنکھوں جو بلی ہلز کی جھیلوں کی نیلاہٹ تھی۔ جس کے ہونٹوں میں گلاب کے ادھ کھلے غنچوں کی ملائمت و تازگی تھی جس کے سینے کی دھڑکنیں بار ہا سن چکا تھا۔ جس کی آنکھوں میں میرا ہی پرتو رہتا تھا۔ وہ اکثر ہری ہری لمبی گھانس پر بیٹھی مجھ سے کہا کرتی رنجو۔۔۔ میری آنکھوں میں دیکھو۔ کون ہے اور میں مرلن پر جھک جاتا جیسے آئنہ دیکھ رہا ہوں اور وہ غور سے پلک جھپکے بغیر مجھے دیکھتی رہتی۔

چودھویں رات کا پورا چاند نکل آیا تھا۔ ہر طرف نور کی بوچھار ہو رہی تھی رات کی رانی کی مہک ہوا کے تیز جھونکوں سے دور تک پھیل رہی تھی اور مرلن میرے پاس آگئی تھی اس نے سفید بلاؤز اور سیاہ اسکرٹ پہن رکھا تھا۔ اس کی سفید پنڈلیاں کھلی ہوئی تھیں۔

وہ رات ہم نے بوٹ کلب میں گذاری۔ ایک چھوٹی سی کشتی میں میں نے مرلن کو بٹھا دیا اور قریب بیٹھ گیا۔ وہ کانپتی ہوئی آواز میں اپنے دیس کا نغمہ الاپ رہی تھی۔

میں اور تم دونوں آسمانی فرشتے ہیں

اڑتے ہوئے امن کے پنچھی ہیں

جو پیار کرتے ہیں اور سکون چاہتے ہیں
مگر سکون زندگی میں نہیں ہے
سکون موت کی وادی میں ملتا ہے

یہ نہ گاؤ مرلن۔ آج چاندنی رات ہے اور تم موت کی باتیں کر رہی ہو۔

مرلن نے میرے شانے سے سر لگا دیا اور سسکی لی۔

"مرلن۔۔۔ مرلن ڈیر" مگر مرلن چپ تھی۔ نیلی جھیلوں میں جوار بھاٹا چڑھ رہا تھا اور پھر سیلاب بہہ نکلا۔

رنجو۔۔۔ کیا تم کو نہیں معلوم ہے کہ جنگ شروع ہو چکی ہے نہ معلوم دنیا سے جنگ کی بلا کب دور ہو گی۔ میرا باپ فوج میں کیپٹن ہے اس کی چھٹی آئی ہے کہ جلدی دیس پہونچو ورنہ راستے بند ہو جائیں گے۔ اب ہم دیس جا رہے ہیں رنجو، اس لئے آج رات میں تمہارے پاس آگئی ہوں۔ میری ماں کو ہندوستانیوں سے شدید نفرت ہے۔ ڈانس ہال میں مجھے گوری نسل کے انسانوں کے جسم سے جسم لگائے سب کے سامنے ناچنے کی مکمل آزادی ہے مگر ایک ہندوستان کے ساتھ میری یہ آزادی برقرار نہیں رہ سکتی۔ صرف ان سے میٹھی باتیں کر کے میری ماں انھیں لوٹنا چاہتی ہے۔ پچھلے ہفتے ایک ہندوستانی نے میری ماں کو سونے کی ایک چھوٹی سی مورتی تحفتاً دی۔ اس وقت تو اس نے بہت تعریف کی مگر اس کے جاتے ہی فوراً بولی

"بے وقوف۔ کالا آدمی"

مگر سب ایک جیسے نہیں ہوتے رنجو ڈارلنگ۔ ہمارے دیس میں جنگ بازوں کے ساتھ ساتھ امن پسند بھی موجود ہیں۔ کل میں اور میری ماں دونوں چلے جائیں گے۔ ہماری کوٹھی ویران ہو جائے گی اور باغ کے سارے پودے شاید سوکھ جائیں گے۔ تم

راک کاسل ہوٹل میں اکیلے جاؤ گے۔ تم بوٹ کلب بھی شاید کبھی نہیں جاؤ گے۔ اس چھوٹی سی کشتی میں کبھی نہیں بیٹھو گے۔ تم بہت پر خلوص ہو۔ تم ہندوستانی ہو اور ہندوستانیوں کا دل بہت نرم ہوتا، ان کو نیلی سے پیار ہوتا ہے، میں سات سمندر پار چلی جاؤں گی۔ میں شادی نہیں کرونگی۔ میں وہاں جا کے انقلابیوں میں مل جاؤنگی۔ میں یوروپین ہوں، میں امن چاہتی ہوں۔ تم ہندوستانی ہو۔ تم امن چاہتے ہو بالکل ایسا ہی امن جو اس چھوٹی سی کشتی میں میسر ہے۔ ہماری کوٹھی کے پاس والی کوٹھی میں ایک امریکن بڑھیا رہتی ہے۔ جنوبی امریکہ میں اس کے گیارہ بیٹے ہیں۔ تین فوجی ہیں اور آٹھ امن چاہتے ہیں۔ کل رات وہ رو رہی تھی مگر رنجو! جنگ کروانے والے امن کیوں نہیں چاہتے، کیا اس لئے کہ رنجو اور مرلن الگ ہو جائیں۔ اس لئے کہ انسان بوڑھا ہو کے بھی اپنے جوان فوجی بیٹوں کی لاش پر آنسو بہائے؟ کیا خدا انسان کو اسی لئے تخلیق کرتا ہے کہ وہ بلا وجہ مار ڈالا جائے؟ یہ کیسی مجبوری ہے۔ اب تم مجھ کو خط بھی نہ لکھ سکو گے۔ راستے بند ہو جائیں گے۔ پھر ہم دونوں مل بھی نہ سکیں گے۔ آہ۔ پھر کیا ہو گا؟

وہ رات بھر میرے سینے سے سر لگائے بڑبڑاتی رہی۔ میں نے اس کے آنسو پونچھ دیئے۔ اس کے سنہری بالوں کے لچھے سلجھا دیئے۔ اور صبح میں اس کو راک کاسل ہوٹل لے آیا۔ وہی چند بیوقوف ہیرا، وہی ہوٹل، وہی مرلن اور وہی میں۔ مگر مرلن کے چہرے پر بیزاری نہیں تھی بلکہ کرب واضطراب گھلا ملا سا تھا۔ اس کے سرخ ہوئے سوجے ہوئے تھے اور آنکھوں میں نمی تھی۔

میرا حال بھی خراب تھا۔ جیسے کوئی مجھ سے میری زندگی چھین لئے جا رہا ہو۔ میرے سینے میں خشک ریت سی پھنس گئی تھی۔ مجھے اپنی پریشانی کا خود اندازہ نہیں تھا۔ میں خالی الذہن میز کے موٹے شیشے پر نظریں جمائے بیٹھا تھا۔ آج اس نے دانستہ وہی سرخ بلاؤز

اور گہرے اسکرٹ پہن رکھا تھا جو پہلی ملاقات کے وقت اس کے جسم پر تھا مگر وہ خود پہلے سے ہزار گنا بدلی ہوئی تھی۔ اسد کی لٹیں بکھر گئی تھیں مگر ان میں کوئی پھول نہیں تھا۔ اس کے ہونٹ، خشک تھے، اس کی باتیں ادھوری تھیں۔ اور میں کس قدر پریشان تھا۔ میں نے کہا۔

جاؤ مرلن اپنے دیس چلی جاؤ میں نے بچپن سے اب تک زندگی اتنی تکلیفوں اور مصیبتوں میں گذاری ہے کہ اب میں اذیت پسند ہو گیا ہوں۔ ہاں اس تاریکی میں تم ایک تابناک ستارا بن کر چمکیں اور پھر اندھیرا ہو رہا ہے تابناکی کے بعد کا اندھیرا بہت تکلیف دہ ہوتا ہے مگر میں اس کا عادی ہوں۔ اس لئے مجھے زیادہ الجھن نہیں ہو گی۔

میں اسے ایرپورٹ چھوڑنے گیا اور خدا حافظ کہنے سے پہلے میں نے اس کی آنکھیں چوم لیں۔ وہ گہری نیلی آنکھیں جن میں میری چار سال کی خوشیاں اور مستقبل کی ویرانیاں تیر رہی تھیں۔

مجھے مت بھولنا رنجو۔ وہ جذبات میں ڈوب کر بولی۔ تم نہیں بھولو گے تم ہندوستانی ہو۔ چاہت تمہارے خون میں رچی ہے۔

میرے اور مرلن کے درمیان سات سمندر حائل ہو گئے۔ ابھی ابھی مرلن مجھ سے اتنی قریب تھی کہ میں اس کی معطر لٹوں کو دیکھ رہا تھا۔

اس کی گرم سانس محسوس کر رہا تھا اور ابھی وہ مجھ سے اتنی دور ہو گئی جیسے کبھی میرے قریب نہیں آئی تھی جیسے میر لئے اس کا وجود ہی نہ تھا۔

میں گھبرا کر جوبلی ہلز بھاگا۔ اپنی وحشت کو جوبلی ہلز کی جھیلوں میں گھول دینے کیلئے۔ مگر چٹانوں کی سبز کائی سیاہ دھبوں میں تبدیلی ہو چکی تھی۔ جھیلیں خشک ہو چکی تھیں۔ ایک بوند پانی بھی نہ بچا تھا۔ ان کی گہرائیوں کا مجھے اب پتہ چلا۔ زیادہ گہری نہ تھیں

مگر پانی کی نیلاہٹ ان کی تصورات گہرائی تک پہونچنے نہ دیتی تھی۔

پانی کی جگہ اب ہیلی بہتوں اور سرخ پھولوں والی جھاڑیاں اُگ آئی تھیں جن میں لمبے کانٹے بھرے ہوئے تھے اور خشک سطح پر لاکھوں زرد پتیاں اور سرخ مرجھائی پنکھڑیاں اڑ رہی تھیں۔ وہ نیلی لہریں سوکھی مٹی میں جذب ہو چکی تھیں ہر طرف سنگدل چٹانیں بکھری پڑی تھیں۔

میں ایک مدت تک دیوانوں کی طرح گھومتا رہا۔ وحشتوں کی طرح کھویا ہوا جیسے میری زندگی کا ایک ایک لمحہ کہیں کھو گیا ہے، اور ہر کرن تاریکی میں۔ گھل کر سیاہ ماحول بن گئی ہے جس میں میرا دم الجھ رہا ہے جس میں اپنی خواہشیں اپنی تمنائیں، ٹٹولتا ہوں، ڈھونڈھتا ہوں مگر تو پاؤں لڑکھڑا جاتے ہیں۔ میری سمجھ میں نہیں آتا کہ ان ڈگمگاتے قدموں سے کس منزل کی سمت بڑھوں۔ میں اس یتیم بچے کی طرح تھا جس سے شفقت و محبت دور ہو گئی۔ اک مدت بعد میں سنبھلنے لگا۔

شاید مرلن بھی سنبھل گئی ہو۔ شاید اس نے بھی وحشتوں کا گلا گھونٹ کے مسکرانے کی کوشش کی ہو۔

ماں کے مرنے کے بعد میں شادی کر لی اور یہ سوچ کر مجھے بڑا دکھی ہوا کہ شاید مرلن نے بھی شادی کر لی ہو۔ میں نے تو بے شمار مجبوریوں کے تحت کی تھی۔ جبراً جیسے کوئی زندگی سے تنگ آکر خودکشی کر لے۔

جب میں زندگی کی جلتی دھوپ میں ہانپتے ہانپتے تھک گیا تو میں نے چھدری چھدری جھاڑیوں میں پناہ لی۔ مگر مرلن؟ کیا وہ بھی تپتی ہوئی دھوپ سے گھبرا کر ٹھنڈی چھاؤں میں بیٹھ گئی۔؟

مجھے نیلی جھیلوں کی ٹھنڈک نہ مل سکی۔ میں نے جنگ کے بعد انقلابی پارٹی میں

شرکت کرلی۔ جنگ بازوں کے خلاف میری قوتوں اور میری خواہشوں نے امن کا محاذ بنا لیا۔ اس محاذ میں میرے ساتھ ساری دنیا کے امن پسند کھڑے ہیں مرلن، امریکن بڑھیا اور اس کے بیٹے، میری بیوی، میرے بچے اور میرے ساتھی، سب میرے ساتھ ہیں۔

اب جب کہ میری زندگی کے صحرا میں میرے بچے نخلستان بن کے ابھرے ہیں۔ میرے چہرے پر ٹھنڈی ننھی منی انگلیوں کا لمس، میری الجھنوں کو کم کر دیتا ہے۔ میری ٹانگوں سے لپٹے ہوئے گول مول ہاتھ مجھے روکتے ہیں۔ میرے چہرے سے چہرہ ملائے معصوم قہقہے لگا کر یہ پیارے بچے ہلکی ہلکی خوشیاں بخشتے ہیں تو تیسری جنگ ایک بار پھر مجھے لوٹنے آئی ہے۔

یہ نخلستان کا آسرا ابھی چھین کر مجھے ایسے بے برگ و بار درخت میں بدل دینا چاہتی ہے جو برق کی مسلسل مہربانی سے جھلس گیا ہو۔ دوسری جنگ نے نہ معلوم میرے ساتھ کتنی زندگیوں کو تباہ کیا۔ کتنے ارمان، کتنی خواہشیں، کتنی خوشیاں، دہکتے بموں سے، مشین گنوں، تارپیڈو اور گولہ بارود سے فنا ہو گئیں۔

شاید مرلن مر گئی ہو۔ اگر مرلن مر گئی تو ایک عورت مر گئی۔ ایک محبوبہ ایک ماں، ایک بیوی، ایک بہن اور ایک بیٹی مر گئی، ایک خاندان مر گیا، اس کے ساتھ لا تعداد زندگیاں موت کی آغوش میں گر گئیں۔ ممتا شفقت و محبت مر گئی۔

میں خود اس کے بغیر زندہ در گور ہوں۔ اب بھی اس کو خوابوں میں تلاش کرتا ہوں۔ مرلن مجھ سے نہیں بچھڑی، میرے جسم سے روح الگ ہو گئی ایک پھانس میرے دل میں ٹوٹ کر رہ گئی۔

آج میں اپنے پلنگ پر پیر پھیلائے، منہ کھولے سو رہا تھا تو میرے خواب میں مرلن آ گئی۔ میں نے دیکھا اس کے بالوں کے نرم لچھے چاندی کے تاروں جیسے ہو گئے ہیں۔ چہرے

پر جھریاں پڑ گئی ہیں اور وہ میرے ساتھ ہوٹل میں بیٹھی چائے پی رہی ہے۔ مجھ سے کہہ رہی ہے۔

رنجو۔ میرے آٹھ لڑکے ہیں۔ میں نے انہیں جنگ پر نہیں بھیجا ہم نے اپنے دیس میں جنگ کے خلاف مخالف محاذ تعمیر کر لیا ہے۔ اس امن کے مورچے پر میرے آٹھ بیٹے میرے ساتھ ہیں۔ میں اب بوڑھی ہو گئی ہوں۔ میں چاہتی ہوں اپنے بچوں کی خوشیاں دیکھوں۔

اپنی زندگی میں جو خوشیاں میں نے نامکمل چھوڑ دی تھیں وہ میری اولاد مکمل کرے گی میں اپنے دیس جا رہی ہوں مگر آج تم سے الگ ہوتے ہوئے مجھے غم نہیں ہو رہا ہے۔

اور میں نے کیا۔ مجھے بھی غم نہیں ہے مرلن۔ میں بھی رنجیدہ نہیں ہوں۔ لو یہ ایر پورٹ آگیا۔ میرا ننھا بچہ تمہاری گڑیا جیسی بیٹی کی آنکھیں چوم رہا ہے اس لئے میں تمہاری آنکھوں پر اپنے ہونٹ نہیں رکھوں گا۔

جاؤ مرلن۔ اپنی مردہ خواہشوں کو اپنے بچوں میں زندہ رکھنے کی کوشش کرو۔ آنے والی نسل اپنی زندگی کو موت بنا کر نہیں رکھے گی۔ خدا حافظ اور میری بیوی نے مجھے نیند سے جگا دیا۔ مجھے یقین نہیں کہ میں سو رہا تھا بلکہ ایسا معلوم ہوتا تھا جیسے کسی نے نامعلوم طریقہ پر مستقبل کا انجان ماحول میرے سامنے کھول کر رکھ دیا تھا میری بیوی کا خیال ہے میں خواب میں بڑبڑا رہا تھا مگر اس کو کیا معلوم کہ میں مرلن سے سے باتیں کر رہا تھا مگر میرے چہرے پر جھریاں نہیں ہیں۔ میرے بال سفید نہیں ہیں اور مرلن شاید مستقبل کا ایک تصور بن کے میرے خوابوں میں لہرائی ہو۔

وہ تو اب بھی ویسی ہی حسین ہو گی۔ ویسی ہی تندرست، وہی سنہری زلفیں، وہی تر و تازہ ہونٹ، وہی میٹھا لہجہ۔

مرلن ان دو جھیلوں کا نام ہے جن میں چار سال تک غلطاں رہا۔ آج تک سوتے جاگتے ان کو دیکھتا ہوں۔

مگر جو بلی ہلز کی جھیلیں اب بھی برسات میں لہراتی و گاتی ہیں۔ ان میں وہی بے چین لہریں اب بھی اٹھتی ہیں۔ شبنم سبز دھوپ پر اب بھی تھرتھراتی ہے مگر میں وہاں نہیں جاتا۔ وہاں میرے جسم سے روح الگ کر دی گئی ہے۔ وہاں میں لٹ کر آیا ہوں۔ مجھے کنول راج و نندن سہ دونوں سے نفرت ہوگئی ہے۔ وہاں صرف سنگدل چٹانیں ہیں۔ مجھے تو ان دو جھیلوں سے عشق تھا جن کا نام ہے مرلن۔ جن کی گہرائیوں میں ڈوب ڈوب کر ٹھنڈی نیلی جھیلیں اور مرلن۔

(۷) چراغ کی لَو

اے لو۔ اب کہنے کی بات نہیں مگر بن کہے رہا بھی نہیں جاتا۔ لوگ کہتے ہیں ماں مر جائے مگر تائی جیتی ہو تو آدھی فکر دور ہو جاتی ہے۔ میرا تو ان باتوں پر ذرا بھی ایمان نہیں رہا۔ اب دیکھو نا یہی تائی آسیب بنی گھر پہ منڈلایا کرتی تھی۔ قسم لے لو جو مارے ممتا کے کبھی میرے سر پر ہاتھ رکھا ہو۔ بالکل رنڈی کے نخرے تھے۔

ہمیشہ ابا کے کمرے میں بیٹھی اونچی اونچی آواز میں قہقہے لگائے جاتی اور شطرنج کھیلتے سمئے تو مہروں پر نگاہیں نہ ٹکتیں۔ بس ٹکر ٹکر ابا کا منہ تکتے جاتی۔ ذرا کی ذرا جو ہم ابا کے پاس جا بیٹھتے تو قہر آلودہ نظروں سے دیکھتی پھر بڑے میٹھے لہجے میں باہر جا کے کھیلنے کا مشورہ دیتی تو میرا جی چاہتا گردن مڑوڑ کے رکھ دوں۔

لمبا سا قد، سوکھے مارے ہاتھ پاؤں، خضاب کئے ہوئے سیاہ بال اور ناک کے نیچے لکی جھولوں میں سے جھانکتا ہوا برا سا دہانہ، اماں کی عمر گذر گئی اس کے ناز اٹھاتے۔ ہمیشہ جٹھانی کا پاس لحاظ کرتی رہیں۔ اس کمبخت نے کبھی مہربان نظر اماں پر نہ ڈالی۔ بڑے پن کے رعب کو اس نے کبھی ہاتھ سے جانے نہ دیا۔ یوں ڈانٹ ڈپٹ کے اماں سے کام لیتی جیسے وہ زر خرید لونڈی ہوں اور اماں بھی گائے کی طرح بے زبان ہے۔ ہر وقت کام کاج میں جٹی ہلکے ہلکے قدموں سے گھر کا آنگن ماپتی پھرتیں۔ کوئی ماں کی اطلاع کیلئے طعن تشنیع سے کام لیتا تو اماں الٹی ہمدردی جتاتیں۔

اے ہئے بیوگی کے پالے نے تو ساری آرزوئیں ملیامیٹ کر دیں۔ ایک ہمارا گھر رہ گیا

ہے۔ یہاں بھی دل نہ لگائے تو غریب کیا کرے۔ کیسے غم غلط ہو۔

مگر یہ کہتے وقت اماں کی جھکی جھکی آنکھیں اور زرد چہرہ چغلی کھا جاتا۔ اے بہن اتنی نیک نہ بنو کہ لوگ بیوقوف سمجھ کے لوٹ لیں تمہیں۔ خالہ اپنا قیمتی مشورہ پیش کرتیں۔

یہ روز روز کا آنا اور تمہارے میاں سے دل بہلانا یونہی نہیں ہے۔ ان کی ان کی ذمہ داری مفت میں اپنے سر لیتی ہو۔ ایک دن چیونٹیوں بھرا کباب ہو کے رہ جاؤں گی۔ جان چھڑانا دوبھر ہو جائے گا۔ سمجھ لو، پڑوسین الگ اماں کی ناعاقبت اندیشی پر دانت پیستیں مگر اماں تھیں کہ کند ذہن بچے کی طرح سارے سبھ بھلا کے بے غیرتی کا لبادہ اوڑھ لیتیں۔ دو پہر کے سناٹے میں محلے ٹولے کی عورتوں کے بیچ سگھڑ بیوی بنی سوئی دھاگا لے کے بیٹھتیں تو باری باری سب عورتیں اماں پر ریمارک پاس کرنا شروع کر دیتیں۔

بھئی تم جانو۔ تمہارے آگے تو بچے ہیں۔ اپان نہ سہی معصوموں کا خیال کرو۔"

عالیہ بانو ڈلی کاٹتے ہوئے نصیحت بھی کرتی جاتیں۔

اے یہ تو بڑی سیدھی ہیں۔ اس اللہ ماری کو دیکھو کہ بیوہ ہوئے چار چار آٹھ دن بھی نہیں ہوئے اور بھرا پُرا گھر ڈھونڈ لیا موئی نے۔

اکبر جولاہے کی بیوی اماں کو بے قصور ٹھہراتیں۔

اے ہٹو۔ ایسی بچہ بھی نہیں ان باتوں کو سمجھنے کی عقل نہ ہو۔ اللہ رکھے بچے والی ہو گئیں۔ لگاوٹ کی نظر ہم غیر پہچان لیتے ہیں۔ زیبو خالہ کھڑے پائینچوں میں گوٹا ٹانکتے ہوئے جھنجلا جاتیں۔

اے دلہن۔ ! آخر تم اپنے میاں سے بھی کچھ پوچھتی ہو کہ خوبصورت جوان بیوی کے ہوتے۔ اس ادھیڑ چڑیل میں کون لعل ٹکے ہیں کہ مٹے جاتے ہو؟ نورانی بو بہت رازدارانہ انداز میں اماں سے سوال کرتیں تو سوئی میں۔ دھاگا ڈالتے ہوئے اماں آبدیدہ ہو

جاتیں۔ تو یہ ہے۔ اب سوئیوں کے ناکے اس قدر باریک بنتے ہیں کہ دھاگہ ڈالتے ڈالتے آنکھیں بھر آتی ہیں کب سے اس سوئی کو گھورے جا رہی ہوں۔ اور جلدی سے دوسری سوئی لانے کیلئے کمرے سے باہر نکل جاتیں۔

باورچی خانے کو اماں نے گویا اپنا کمرہ بنالیا تھا۔ ہر وقت مصروف رہتیں کبھی ابا کیلئے شامی کباب بنانے کی ترکیب ماما کو سمجھا رہی ہیں تو کبھی کوٹنے پیسنے میں ہاتھ بٹا رہی ہیں۔ کبھی سموسے تل رہی ہیں تو کبھی بچوں کیلئے کیری کا اچار پڑ رہا ہے۔ کچھ تو بے ضرورت کی اٹھا دھری میں لگی ہیں۔

اماں! آپ کہئے تو آپ کا پلنگ بھی یہاں اٹھا لاؤں۔ بھیا بیزار ہو جاتے مگر اماں روتے ہوئے چہرے کے ساتھ مسکرا کر رہ جاتیں۔ انہوں نے اپنے آپ کو طعن و تشنیع پروف بنالیا تھا۔ آپ چاہے جس قدر نمک مرچ لگا کے اس مسئلہ کے چھپے ہوئے پہلو اجاگر کیجئے مگر کیا مجال ہے کہ اماں ہاں میں ہاں ملانے بیٹھ جائیں۔

ساسیں اپنی نئی نویلی بہوؤں سے پہلی بات اماں کا قصہ سنا کر کرتیں۔ اللہ کسی کو بیوی دئے تو کنویں والی باجی کی طرح۔ شوہر نے آنکھوں کے سامنے جٹھانی سے عشق جتایا اور وہ کلموئی تو جیسے ان کی جان پر ادھار کھانے بیٹھی ہے۔ دکھا دکھا کے میٹھی بولیاں بولتی ہے دیور سے میاں کو کھا گئی پر جی نہ بھرا۔ اب بھر گھر میں چنگاری ڈالنے آئی ہے۔ مگر گھر والی نے خود زبان ہلائی نہ گھر میں لڑائی جھگڑا کھڑا کیا۔ نہ رو رو کے پاس پڑوس کو اپنی کتھا سنائی۔ ہیرا تو ہیرا ہی ہوتا ہے چاہے گھوڑے پر پڑا ہو، چاہے راجہ کے تاج میں جڑا ہو۔ قیمت کم نہیں ہوتی۔

مائیں سسرال جانے والی بیٹیوں سے بچھڑتے ہوئے کنویں والی باجی کا واقعہ سنا کر عبرت دلایا کرتیں۔ شوہر کسی بات پہ جھنجلا جاتے بیویوں کو جھاڑ پلاتے۔

گھر آنے میں ذرا دیر ہوئی تو میرے سر ہو گئیں۔ ذرا کنویں والی باجی کو دیکھو سامنے بیٹھی سارے کرتوت دیکھ رہی ہیں مگر اف نہیں کرتیں۔ کیا قسمت والا شوہر ہے۔

ساری دنیا اماں کے گن گایا کرتی مگر اماں ان ساری باتوں سے بے نیاز اپنی دنیا میں گم رہتیں۔

کبھی رات کو آنکھ کھل جاتی تو میں چپکی پڑی انہیں دیکھا کرتی۔ کبھی اماں کی دبی دبی سسکیاں سنائی دیتیں مگر میرے پکارنے پر صاف آواز میں جواب ملتا۔

شاید میرے ہی کان بجتے ہیں کبھی اماں ہتھیلی پر تھوڑی رکھے لحاف اوڑھے بیٹھی ہوتیں۔

آپ سوئیں نہیں اب تک ؟ بھیا پڑھتے پڑھتے پانی پینے بر آمدے میں آئے تو اماں کو بیٹھا دیکھ کے پوچھتے

میں تو سو گئی تھی مگر جو کو شاید کھٹمل ستا رہے ہیں۔ بار بار چونک پڑتی ہے۔ اسی لئے اٹھ بیٹھی۔ اماں کی سانس پھول جاتی جیسے بہت دور سے چل کر آئی ہوں۔

ہائے۔ یہ اماں کو کیا ہو گیا ہے۔ میرے پلنگ میں تو کھٹمل وٹمل خاک نہیں۔ میں تو کب سے پڑی دیکھ رہی ہوں۔

پہلی بار ایک نامعلوم خوف نے میرے دل میں سر اٹھایا۔

وہ ساری باتیں جن کو معمولی سمجھ کے نظر انداز کر جاتی تھی۔ اپنی پوری اہمیت کے سامنے آگئی تھیں۔ اب شاید مجھ میں چھپی ہوئی باتوں کو سمجھنے کا شعور آ گیا تھا۔ تب ہی تو میں گھر بھر کی ذرا ذرا سی حرکتوں پر گہری نظر رکھنے لگی تھی۔

جائیداد کے سارے جھگڑے تایا جی کے مرتے ہی تائی نے ابا کے سپرد کر دیئے تھے اور ابا یہ مقدمے کورٹ میں اس طرح لڑتے جیسے یہ ان کی اپنی جائیداد کے جھگڑے

ہیں۔

ان دنوں رات رات بھر آرام کرسی پر پڑے سگریٹ پر سگریٹ پھونکا کرتے۔ دن دن بھر عدالتوں میں بحث کرنا اور رات کو بیٹھ کے تائی کو رپورٹ سنانا ان کا خاص مشغلہ تھا۔ وہ جب بھی آتی ابا کے پاس بیٹھی باتیں کیا کرتی۔ اور اس طرح مقدموں کی بات چیت کے سہارے وہ ابا کی زندگی میں آہستہ آہستہ یوں داخل ہو رہی تھی جیسے زہر چپکے چپکے جسم میں سرایت کر جاتا ہے۔

اماں چولھے کی آگ بار بار کرید لیتیں۔ چولھے میں خواہ مخواہ پھونکیں مارتیں اور اپنے سوجے ہوئے پپوٹوں کو ہتھیلی سے مل مل کے انگاروں کو گھورتیں۔ شاید وہ یہ سوچتیں کہ ان کی اپنی ذات بھی ان انگاروں کے بیچ جل رہی ہے۔ جب وہ بے مقصد انگاروں کو گھورے جاتیں تو تائی باتیں کرتے کرتے ابا کے قریب کھسک آتی اور کھچڑی بالوں پر اس طرح ہاتھ پھیرنے لگتی جیسے وہ کوئی تھکا ماندہ بچہ ہو جو زندگی کا چڑھاؤ چڑھتے چڑھتے تھک گیا ہو۔

مگر اماں چپ چاپ یہ چڑھائی چڑھ رہی تھیں۔ نہ آنکھوں میں آنسو نہ منہ میں زبان جیسے کافوری گڑیا لٹانے پر آنکھیں موندھ لیتی ہے اور بٹھانے پر کھول دیتی ہے مگر اماں خود سے چل پھر بھی لیتی تھیں۔ اپنے نہ تھکنے والے ہاتھوں سے گھر بھر کا کام بھی کرتی تھیں۔

ان کی آنکھوں میں چمک نہیں تھی۔ ان میں عجیب سے اداسی تھی جیسے خزاں کی ویران شام میں ہوتی ہے۔

تائی نے گھر کے نوکروں کو اپنا قاصد بنا رکھا تھا اور ان ہی کے ہاتھوں ابا تک اپنے محبت نامے پہونچایا کرتی تھی جب کبھی نوکر تائی سے ناراض ہو جاتے تو وہ سارے خطوط

اماں کو بھی دکھا دیتے۔ ان چٹھیوں کو وہ یوں سرسری نظروں سے دیکھتیں جیسے وہ کسی ناول کا باب ہو۔ ان میں سے بہت سے خط اماں نے اس طرح پھینک دیئے تھے جس طرح کوئی دال موٹھ باندھا ہوا بیکار کاغذ پھینک دیتا ہے۔

ہائے۔ اماں تو بس صرف کا تو راہیں اللہ جانے کیا ہو گیا ہے کہ زبان نہیں کھولتیں۔ مجھے تو بڑا ارمان تھا کہ کسی دن اماں کمر کس کے آنگن میں گھڑی ہو جائیں پھر خوب سلواتیں سناتیں اس تائی کی بچی کو۔ اور ابا کو بھی نوٹس دیدیں کہ آئندہ مداری کا تماشہ قطعی بند۔

مگر لاحول ولا قوۃ۔ اماں کا تو سمندر کی طرح وسیع و گہرا دل تھا۔

مجھے یاد ہے ایک دن مرغیوں کے ڈبے کے قریب پھنکے گئے بڑے بڑے کاغذوں کو سنبھال کے رضو باجی کے ہاں لے گئی تھی کہ خوب بڑی بڑی کشتیاں بنادو جس میں چھوٹی سی گڑیا بھٹا کے ٹب میں چھوڑ سکوں۔ اور جب ان تڑے مڑے کاغذوں کو کھولا تا جانی پہچانی تحریر تھی۔ تائی موئے موئے بدصورت حروف بناتی تھی اور یہ حروف کاغذ پر یوں بکھرے پڑے تھے جیسے گھورے پر گندگی و کوڑا پڑا ہو۔

اس زمانہ میں مجھ کو لکھنا پڑھنا آ گیا تھا۔ اور ہر تحریروں کو پڑھنے کی عادی تھی جیسے اس کو نہ پڑھنے سے جاہل گئی جاؤنگی۔

میں نے اور رضو باجی نے ان کو پڑھا تو رضو باجی ناک پر انگلی رکھ کے بیٹھ گئیں اور میرا اناتجربہ کار دماغ الجھ کے رہ گیا۔ میں نے وہ سارے کاغذ کھلونوں کے ڈبے میں رکھ دیئے تھے۔ آج وہ کاغذ کھلونے کے ڈبے سے نکل کے میری الماری میں پہونچ گئے ہیں۔ جن باتوں کو کل تک ٹھیک طرح سے سمجھ نہ سکتی تھی۔ آج وہ باتیں حل کئے ہوئے معمے کی طرح سامنے رکھی ہیں۔ ہزاروں حرکتیں جن کو میں نے کبھی قابلِ توجہ نہ سمجھا تھا۔

اب اپنے پورے معنوں کے ساتھ آگے آئی ہیں۔

کتنی عجیب بات ہے کہ جن باتوں کو ہم اپنے بچپن میں سنتے ہیں، جن چیزوں کو دیکھتے ہیں۔ ان کی گہرائی میں کبھی نہیں جھانکتے اور برسوں گذر جانے کے بعد وہ باتیں لاشعوری سے نکل کر نظروں کے سدامنے اپنے پورے مفہوم کا لباس پہن کے آتی ہیں۔

اس زمانے میں میں سوچتی کاش اماں رضوباجی کی طرح خوب، پڑھی لکھی ہوتیں اور ڈھیر ساری تنخواہ کمایا کرتیں۔ پھر کون انہیں تتلی کی طرح مٹھی میں داب کے مارتا۔ پھر اماں بھی گائے کی بجائے انسان ہوتیں۔ ہر قسم کے احساسات کے اظہار کا طریقہ آتا۔

اب تو انہوں نے اپنا جی مار دیا تھا۔ گھریلو عورتیں بھی عجیب ہوتی ہیں صبر وضبط کا ڈھنڈورا پیٹتی پھرتی ہیں مگر کوئی یہ تھوڑی ہی جانتا ہے کہ یہ مجبوری کی دوسری شکل ہے۔ خوشی، غم، غصہ وگرمی کے سارے احساسات قانع زدہ تھے۔ کبھی کبھی اماں پر بیحد غصہ آتا۔ جانے کیسے اس بیہودہ سی زندگی سے سمجھوتا کئے بیٹھی ہیں۔ میں اماں کی جہالت پر کئی بار چھپ کے روئی تھی۔

اماں کے میکے میں کوئی نہ رہ گیا تھا جو ان ساری کٹھن منزلوں میں اماں کو ڈھارس دیتا۔ یا اماں کی سرپرستی کرکے ان کے حق کیلئے لڑائی مول لیتا حالات اتنے نازک ہیں۔ یہ میں نے کبھی نہ سوچا تھا۔

برسات کی اندھیری رات تھی۔ مینہ کی موٹی موٹی بوندیں کنکریوں کی طرح باورچی خانے کی ٹین پر سے جارہی تھیں اور اماں بجلی کے کوندے کے ساتھ لپک کر کلیجہ پکڑ لیتیں۔ آنکھوں سے آنسو بہہ بہہ کے تکیہ کی لیس بھگو رہے تھے بھیا سرہانے بیٹھے تھے۔ میں بار بار کھڑکی تک جا کے لوٹ آتی۔ بجلی چھک سے لمحہ بھر کو برآمدے میں روشنی پھینکتی تو اماں چونک کے دروازے کی طرف دیکھنے لگتیں جیسے انہیں کسی کا انتظار تھا۔

"اماں۔ میں ابھی آیا۔ جواب سنے بغیر بھیا برساتی کیلئے جھپاک سے باہر نکل گئے۔

ارے روک لیا ہوتا وجو۔ اتنی اندھیری رات میں بارش میں بھیگنے کہاں چلا گیا۔ اماں تڑپ کے بولیں۔ درد کی ٹیسیں سینے میں جلدی جلدی اٹھنے لگیں۔ دور گھنٹے بعد بھیا بھیگی چڑیا بنے برآمدے میں آئے تو دوا کی شیشی کے ساتھ ابا بھی تھے۔ وہ پریشان گھبرائے سے آگے پلنگ کی پٹی پر بیٹھ گئے بالکل اس بچے کی جو اپنی کلاس میں مسلسل غیر حاضر رہا ہو اور جسے کسی نے پکڑ کے اچانک مولوی صاحب کے سامنے کھڑا کر دیا ہو۔ عین مین وہی حال۔ ابا کا تھا۔ رات بھر وہ اماں کے پاس بیٹھے رہے۔ انہوں نے اپنے ہاتھ سے اماں کو سویرا ہونے تک دو خوراک دوا پلائی مگر ہر بار اماں کو قئے ہو جاتی۔ ڈاکٹر نے انجکشن لگا دیا تھا اور ہم سب امتحان میں خراب پرچے کرنے والوں کی طرح مایوسی کی آغوش میں بڑے تھے۔

وجو! اماں آہستہ سے بڑبڑائیں۔ تم لوگ مجھے ٹھنڈی راکھ سمجھے بیٹھے ہو مگر میں اپنے سینے میں دھکتی ہوئی چنگاریاں چھپائے ہوئے جیتی رہی۔ ہاتھ پیر کٹے ہوں تو انسان دوسرے کا محتاج ہو جاتا ہے۔ بیتا۔ عمر بھر طعنے سن کے چپکی رہ جانے والی اماں مجھ پر ڈال کے ابا کو طعنہ دے رہی تھیں۔ خیر مجھے معاف کیجئے۔ اماں کے تھرتھراتے ہونٹوں سے نکلا۔

ابا کچھ کہنے کو آگے جھکے مگر اب وہاں کوئی ایک لفظ سننے کو تیار نہ تھا میں اور بھیا اماں کے سینے سے لگے سسک رہے تھے اور ابا بے جان بت تھے اماں کو تکے جا رہے تھے۔

میں آج سوچتی ہوں کہ اس گندے معاشرے کو بدلنے کیلئے اماں نے کتنی خاموش جدوجہد کی تھی جس کو ہم برف کا تودا کہا کرتے تھے اس کے اندر کتنی گرم و تند لہریں دوڑا کرتی تھیں۔

"پورے سماجی ڈھانچے کو بدلنے کیلئے سچ سچ عورتوں کو معاشی اعتبار سے قومی ہونے کی ضرورت ہے بھیا۔ اب بھی کبھی کبھی میں اماں کو یاد کر کے بھیا سے بحث کرنے میں ان کو باتیں دوسرے انداز میں دہراتی ہوں۔ اماں تو چراغ کی لو تھیں جو ہماری زندگی میں روشنی بکھیرنے کیلئے سدا آندھیوں سے لڑتی رہیں۔

سڑے گلے نظام کی تشبیہ کے طور پر مجھے تائی کا گھناؤنا چہرہ یاد آجاتا۔

اماں کے بعد تائی آسیب کی طرح گھر پر منڈلایا کرتی مگر چراغ کی وہ لو زندگی کی اونچی اونچی راہوں میں اپنے پیچھے دور تک روشنی کی لکیر چھوڑ گئی تھی۔ اب کسی آسیب کیلئے تاریکی کہاں ہے؟

(۸) میرا گھر

جب کبھی میں سنجیدگی سے اپنے گھر کے بارے میں سوچتی ہوں تو مجھے یوں لگتا ہے جیسے میرا گھر سیکولر ہندوستان کی نمائندگی کرنے والا واحد گھر ہے جہاں ہر قوم، ہر نسل و ہر فرقہ سے تعلق رکھنے والے لوگ رہتے بستے ہیں جہاں مختلف زبانیں بولی و سمجھی جاتی ہیں۔ جہاں مذہب، زبان و قلم کی آزادی ہر انسان کو حاصل ہے۔

ہر کمرہ اپنی الگ تہذیب، کلچر، روایات کا آئینہ دار ہے۔ ہی نہیں بلکہ مختلف لباس، رسم و رواج و رہن سہن کے مختلف طور طریقے رائج ہیں۔ ہر قوم کو اپنی خود مختاری قائم رکھنے کا حق حاصل ہے۔ اس گھر کی جھلکیاں نری دلچسپ ہیں۔

پرانے شہر میں دیوڑھی نما آٹھ کمروں، در عمل اور دو آنگن والا مکان ہمارا آبائی مکان ہے۔ جس کو شاہی خاندان سے خرید لیا تھا۔

میرے والدین کا کمرہ قدیم طرزِ معاشرت کا نمونہ ہے۔ تخت پر فرش و گاؤ تکیہ کا استعمال، تکیہ سے قریب پاندان، تخت سے نیچے مراد آبادی بڑا سا اگالدان، قدیم چھپر کھٹ پر مچھر دانی اور قدیم طرز وضع کا بستر، سرہانہ جس قدر چوڑا ہے۔ اتنے لمبے تکیے ہیں۔ بیٹھنے کیلئے بڑی بڑی لمبی آرام کرسیاں جس پر نیم دراز ہونے کے ساتھ ساتھ پیر لمبے کر کے آرام لینے کیلئے لکڑی کی پٹیاں بھی لگی ہیں۔ الماریوں کے شیشوں سے قانون کی کتابیں سلیقے سے سجی ہوئی دکھائی دیتی ہیں۔ یہاں کی دیواروں پر تین انچ موٹے فریم میں قریبی رشتہ داروں کی تصویریں آویزاں ہیں۔ نکھری ستھری شائستہ لب و لہجہ والی اردو

زبان بولی و سمجھی جاتی ہے۔ بزرگوں کا ادب، آواز دبا کے آہستہ بات کرنا، وقت کی پابندی اور بندھے ٹکے اصولوں پر عمل آوری پہلا درس ہے۔ کردار کی عظمت تمام دنیاوی بلندیوں سے بھی بلند مانی جاتی ہے۔

مہمان نوازی، حوصلہ افزائی اور سخاوت تہذیب وشائستگی کی علامت ہے صبح ہر کام چھوڑ کے قدم بوسی کیلیئے حاضر ہونا اور کھانے کے وقت سب کا اکٹھا ہونا لازمی ہے۔ تبادلۂ خیال کا یہی موقع ملتا ہے۔

اس کمرے سے آگے بڑھئے تو ایک اور کمرہ ہے۔ دو الگ اصولوں دو الگ مسلک اور دو الگ طبیعتوں کا ملاپ رعب داب۔ تحکمانہ لہجہ، اونچا قد، سرخ وسفید، رنگ اپنی نسل اور فرقہ کو ظاہر کرتے ہیں۔

دکن کا سانولا پن۔ احتیاط، دکھنی بولی، درگذر کرنے اور ہر سانچے میں ڈھل جانے والی فطرت، جلد غصہ کرنے اور جلد بہل جانے والی طبیعت ہی ایک کمرہ میں دو مختلف الخیال گروہ کے نمائندے میاں بیوی کے روپ میں مل جائیں گے۔ ایک بنک آفیسر اور ایک افسانہ نگار ایک وقت کا پابند، پیسہ کمانے اور زندگی کی دوڑ میں آگے بڑھنے کی جدوجہد میں مصروف۔

درمیری قدرتی نظاروں میں کھوئی رہنے والی نفسیات واحساسات کی بھول بھلیوں میں گم، زندگی کی الجھنوں کو سلجھانے، صحیح نفسیاتی تجزیہ پیش کرنے کی دھن میں مگن۔

گھر کے سارے افراد کی خوشی، ضروریات، پسند وناپسند کا خیال رکھنے اور ان کے ساتھ مناسب برتاؤ کرنے والی حساس عورت، رہن سہن بھی ترقی پسند ہے۔ ڈبل بڈ کے سرہانے درپٹیل لیمپ سائیڈ ٹیبل، کتابیں ہی کتابیں، شلف پر لکھنے کی میز پر، اخبار ورسائل ایک میں رکھے ہوئے۔ دو الماریاں، قدیم وجدید لباس اپنی آغوش میں لئے کھڑی ہیں۔

یعنی یہ کمرہ میرا ہے۔

سیڑھیاں اتر کے نیچے آئیں تو بڑی بیٹی کا کمرہ ہے۔ اس گھر میں یہ تیسری نسل ہے۔ اس کے کمرے کی ہر چیز ماڈرن ہے۔ نئ تہذیب و نئے تمدن کی دلدادہ غالب کی غزل انگریزی دھن میں گنگنانے والی۔ روایات شکن، پرانی سوچ اور قدیم طرزِ زندگی سے باغی ،نئے کلچر کی داغ بیل ڈالنے میں آگے آگے پرانے راستوں سے ہٹ کے نئ راہ بنانے والی۔ یہ لڑکی نظام کالج میں پڑھتی ہے۔ انگلش لٹریچر سے ایم۔ اے کر رہی ہے۔ کبھی انتہائی نرم مزاج انکسار و خلوص کا پیکر، کبھی اجنبی لاپرواہ و بے تعلق خدا کی قدرت سے زیادہ اپنی محنت اور جدوجہد پر یقین رکھنے والی اس کی سوچ سارے گھر سے الگ اور دماغ من مانی کرنے کا عادی ہے۔

رہن سہن بھی نئ تہذیب کو اجاگر کرتا ہے۔

بستر پر، میز پر اور قالین پر کتابیں رات دیر گئے تک پڑی رہتی ہیں دونوں میاں بیوی پڑھتے رہتے ہیں۔ اس کا شوہر بھی فلاسفی سے پی ایچ ڈی کر رہا ہے۔ اپنے پیارے پروفیسر کا نام بھی وہ انتہائی عزت و عقیدت کے ساتھ لیتا ہے۔

ان دونوں کے دوست بھی جدوجہد ترقی پسند و نئ روشنی کے دیوانے ہیں۔ بعض دوست تو ایسے ہیں جو ان دونوں سے زیادہ ان دونوں کی زندگی میں دلچسپی لیتے ہیں۔ ہر آڑے وقت دوڑ کے آتے اور مشورہ دیتے ہیں بعض کمر، باندھ کے کارزار حیات میں ان دونوں کے ساتھ ساتھ دوڑنا چاہتے ہیں۔ ان کے مسائل کو اپنے مسائل سمجھتے ہیں اور سگریٹ پر سگریٹ پھونک کے ہر پہلو پر غور کرتے ہیں۔ بعض اوقات وہ مجھ سے مسکرا کے پوچھتی ہے۔ آپ نے ایسے دوست کبھی دیکھے ہیں۔ ایک آپ لوگوں کے وقت کے دوست تھے کہ ہر شاعر نے انہیں "خنجر بکف" لکھا ہے۔

دوستوں ہی نے زخم بخشے ہیں۔ جیسا مصرعہ ان کی زبان پر آتا ہے۔

کتنا ڈفرنس ہے آپ کے دوستوں اور ہمارے دوستوں میں

میں بے اعتباری سے اس کی طرف دیکھتی ہوں۔ نئی نسل میں خلوص و محبت کی کمی پر اب بھی میرا خیال بدلا نہیں ہے۔ زندگی اس قدر تیز گام ہے کہ لوگوں کو خلوصِ دل سے مسکرانا بھی نصیب نہیں ہوتا۔ مگر میں اس کے دوستوں کے خالص خلوص کو بھی سراہتی ہوں۔

اشٹرے میں ادھ جلے سگریٹوں کے انبار اور چائے کی پیالیوں کے ڈھیر کو دیکھتی ہوں۔ میرا داماد بھی بیٹی کی تائید میں مسکراتا ہے۔ یہ لڑکا جو نہ صرف نئی نسل کے رہن سہن، احساسات و جذبات کی ترجمانی کرتا ہے بلکہ رجعت پسند روایتی زندگی سے بغاوت اور بعض نام نہاد ترقی پسندوں کی سڑی گلی ذہنیت کے خلاف آواز بلند کرنے کی جرات کو بھی ضروری سمجھتا ہے۔

رات دن بحث مباحثہ، علمی و ادبی محفلیں سجانا، دوستوں کے برے وقت کام آنا اور اپنی ہر خوشی میں دوستوں کو شریک کرنا اس کیلئے ناگزیر ہے۔ دوستوں کے ساتھ آدھی آدھی رات تک باہر رہنا اور گھر آ کے بیوی کا غصہ سہہ لینا اسے آتا ہے۔

دوسرا اکرمہ جو اس کمرے کے بعد آتا ہے۔ چھوٹی بیٹی کا ہے، اس نے بی ای کیا ہے۔ الکٹریکل انجینئرنگ کرتے ہوئے اس نے ہمیشہ امتیازی کامیابیاں حاصل کی ہیں۔ کمرہ بہت ہی نفاست و دلکشی سے سجا ہوا ہے۔ سادگی میں بھی پُرکاری ہے۔ ہر چیز کی جگہ مقرر ہے اور کوئی کسی چیز کو ہٹا نہیں سکتا سوائے قدرتی ہوا اور زلزلے کے!

کوئی چیز بے جگہ پڑی نظر نہیں آتی۔ اس دور میں سانس لیتے ہوئے بھی پرانی قدروں کی دلدادہ، قدیم تہذیب و تمدن، فنونِ لطیفہ و آثار قدیمہ کی قدر دان، انگریزی

زبان میں شاعری وافسانہ نگاری کرتی ہے۔

خاموشی وسکون کو پسند کرنے والی۔ تلگو اور ملیالی زبان کے گیت ان کے اصلی ٹیون میں گاتی ہے۔ مصوری وموسیقی سے بے حد دلچسپی ہے۔ صبح وشام اسٹوڈنٹس گھیرے رہتے ہیں لڑکے ولڑکیاں پڑھنے آتی ہیں۔ اور پڑھتے پڑھتے اک دور وہ آجاتا ہے کہ وہ چھوٹی بہنیں و بھائی بن جاتے ہیں اور اپنی بہت سی پریشانیاں ومسائل اس کے آگے رکھ کے رائے لیتے ہیں۔ وہ بڑے سوچ بچار کے بعد انہیں ان مسائل کا حل سمجھاتی ہے۔ سمجھاتے ہوئے وہ بھول جاتی ہے کہ کتنے مسائل اس کی زندگی کے ایسے پڑے ہیں جن کا کوئی حل اس کی سمجھ میں نہیں آتا۔ پھر بھی اس کو خدائے برتر پر یقین ہے کہ وہی نامساعد حالات میں اس کا ساتھ دے گا۔ ہر نئی چیز کو ہر نئے خیال کو وہ محض یہ سمجھ کر قبول نہیں کرتی کہ وہ نیا ہے یا اس پر جدیدیت کی چھاپ ہے۔ وہ گہرائی میں اتر کر ہر چیز کی، ہر جذبہ کی اور ہر احساس وہر اصول کی اچھائی وبرائی ضرور ٹٹولتی ہے۔

ان کمروں کے سامنے والا کمرہ جو ان کمروں سے بڑا ہے۔ چاروں بیٹیوں کا مشترکہ کمرہ ہے۔ اس کمرہ میں میری وہ بیٹیاں رہتی ہیں جن کو میں نے صرف جنم نہیں دیا ورنہ ننھی منی جانوں کو پال پوس کے پروان چڑھایا ہے۔ جن کی ہر قدم پر نگرانی ورہبری کی ہے۔ یہ میرے شوہر کی پہلی بیوی کی لڑکیاں ہیں۔

بڑی لڑکی پر اپنی خالہ کی طرح مذہبی رنگ غالب ہے۔ مذہبی کتابوں کا مطالعہ اس کی عادت میں شامل ہے۔ اس کی شادی بھی ایسے ہی کٹر مذہبی گھرانہ میں طئے ہوئی ہے۔ گفتگو میں اصطلاحات استعمال کرنے کا شوق ہے۔ اس نے بی ایس سی کیا ہے۔

اس سے چھوٹی فلمیں دیکھنے کی حد درجہ شوقین ہے۔ اس نے میٹرک کے بعد پڑھنا چھوڑ دیا۔ وہ خلوص ومحبت گھر بھر میں باٹتی پھرتی ہے۔ سب اس کو چاہتے ہیں اور وہ سب

کو بے اندازہ پیار دیتی ہے۔ ہر نیا لباس بہنوں کو پہنا کے خوش ہونا، ان کے چھوٹے موٹے کام انجام دینا اس کا محبوب مشغلہ ہے۔ اچھے لباس و زیورات کا اس کو جنون کی حد تک شوق ہے کام کاج میں سلیقہ مندی، پہننے اوڑھنے میں وہ ماہرانہ صلاحیتوں کی مالک ہے۔

اس سے چھوٹی دو جڑواں یا توام بہنیں ہیں۔ جب میری گود میں انہیں دیا گیا تھا تو وہ آٹھ ماہ کی تھیں۔ اب ماشاء اللہ چودہ پندرہ سال کی ہیں۔ دونوں ہم شکل، ایک جیسا رنگ روپ و قد و قامت، بے انتہا ہنسوڑ لطیفے گڑھنے والی، بعض اوقات وہ مقابل کو لاجواب بھی کر دیتی ہیں۔ یوں تو سب پڑھی لکھی ہیں مگر یہ دونوں اب تک پڑھ رہی ہیں۔ بات میں بات نکالنا اور رونے والے کو قہقہے لگانے پر مجبور کر دینا ان کے بائیں ہاتھ کا کھیل ہے۔ سارے گھر کیلئے وہ اس شہہ رگ کی طرح ہیں جو جسم بھر کو خون پہونچاتی ہے۔ دونوں اردو اور ہندی سے بھی برابر کی دلچسپی لیتی ہیں۔

میں اس سارے گھر کو گھوم پھر کر دیکھتی ہوں۔ اس میں تین نسلیں اپنے الگ الگ روایتی دور کے ساتھ رہتی بستی ہیں۔ میرا یہ گھر جو سارے ہندوستان کی نمائندگی کرنے کیلئے کافی ہے۔ جہاں مختلف فطرتوں، مختلف طبیعتوں اور مختلف خیالات کے حامی رہتے بستے ہیں ایک دوسرے کے کام آتے ہیں۔ ایک دوسرے کے لئے قربانیاں دیتے ہیں۔ ایک دوسرے سے پیار کرتے ہیں اپنے الگ الگ اصولوں اور الگ الگ تہذیب و تمدن الگ الگ زبانوں کے ساتھ، الگ پسند وناپسند کے ساتھ مل جل کر رہتے ہیں۔ ایک دوسرے کی بھلائی کے متعلق سوچتے ہیں۔ اس یکجہتی کو کوئی نقصان نہیں پہونچا سکتا۔ ایک دوسرے کے متعلق کوئی زہر نہیں گھول سکتا۔ ایک دوسرے کے درمیان کوئی دراڑ نہیں ہے۔ کوئی اختلاف نہیں ہے۔

یہ سب ایک گھر کے لوگ ہیں۔

(۹) آئی برسات

مینہہ کی موٹی موٹی بوندیں کھڑکی کے شیشوں پر ٹپاٹپ گر رہی تھیں۔ اودی گھٹائیں امنڈھ امنڈھ کر برس رہی تھیں۔ ورانڈے سے دوڑ کر وہ اندر گئی۔ ساری کھڑکیوں کے پٹ بند کر کے جب وہ دوبارہ ورانڈے میں آئی تو آدھی بھیگ چکی تھی۔ نیم اور جامن کے پیڑ تیز ہوا میں جھوم رہے تھے۔ پکی جامنیں نیچے آنگن میں ڈھیر ہو رہی تھیں۔ بچے ہوتے تو آنگن میں خوشی سے بھری چیخوں اور قہقہوں سے ہنگامہ برپا ہو جاتا۔ اس نے سوچا۔ ورانڈے کے ستون کے اطراف باہیں ڈال دیں اور کوئی پرانا گیت گنگنانے لگی۔ یہ پرانے گیت بھی کتنے پیارے ہوتے ہیں۔ خوبصورت دھنیں اور جادو کی طرح اثر کرنے والے بول جیسے دل کو چھو لیتے ہیں۔

نمولیاں اور جامنیں آنگن کی ریت پر بچھ گئی تھیں۔ ہوا میں تازگی اور خنکی تھی۔ تپتے ہوئے دنوں اور امس بھر راتوں کے بعد اس کو برسات کے پھوار بڑی اچھی لگتی۔ ہر سال برسات اودی گھٹاؤں اور ٹھنڈی پھواروں کے ساتھ آجاتی ہے مگر پھر بھی اس کو برسات کا شدید انتظار رہتا۔

وہ گرم چائے کی پیالی لئے باہر منڈیر پر جا بیٹھی اور ایک زمانہ تک ذہن میں پروان چڑھنے والی کہانی کاغذ پر اتر آتی۔

اسکول اور کالج ابھی کچھ دن بند رہیں گے۔ بچے پہاڑ سے واپس آجائیں تو پھر وہی گہما گہمی و چہل پہل ہو جائے گی۔ وہ کچن میں جلدی جلدی روٹی بنانے، ناشتہ دینے، اور ٹفن

تیار کرنے میں مصروف ہو جائے گی۔ لڑکیاں تیار ہو کے چوٹیاں گندھوانے کیلئے اس کے پاس آکھڑی ہوں گی اور وہ جلدی سے نل پر ہاتھ دھو کے ان کے بالوں سے الجھ جائے گی۔

اس نے دیکھا، سامنے کیاری میں زرد ڈیزیز کے ہزاروں پھول مسکرا رہتے تھے۔ دور تک پھیلے ہوئے گلابی، اودے اور سفید وربینا کے ننھے ننھے پھولوں کی شاخیں موٹی موٹی بوندوں کے وزن سے تھرا رہی تھیں۔ پر سوں کی ژالہ باری سے کٹے پھٹے انجیر کے پتے اور کھڑکی کے ٹوٹے ہوئے شیشے پر اس کی نگاہ رک گئی۔ بیگم صاحب چائے پی لیجئے۔ کام کرنے والی لڑکی ٹرے لئے کھڑی تھی۔

شاہ خاں ڈرائنگ روم میں بیٹھے مسز قریشی سے باتیں کر رہے تھے۔ اس نے ورانڈے سے جھانک کر نیچے دیکھا، دروازے حسب معمول بند تھے۔ کمبخت، بڑی بد ذوق ہے اور اس کی عمر کا تقاضہ بھی تو یہی ہے۔ مسز قریشی کے مصنوعی سفید دانت یاد کر کے اس کو ہنسی آگئی رنگے ہوئے سیاہ بال جن کی چوٹی کمر تک آتی ہے۔ شاید انہوں نے کسی ہوئی ہالر میں ڈائی کرائے تھے۔ چہرے پر جھریاں تھیں۔ بلڈ پریشر اکثر بڑھ کر دو سو تک جا پہونچا۔

بارہ کرسیوں والے لمبے ڈائننگ ٹیبل پر پھول دار میز پوش پڑا رہتا۔ شاید وہ دونوں گرم چائے کی چسکیاں لے رہے ہوں۔ یا شاید جائید اد سے متعلق باتیں کر رہے ہوں یا پھر مسز قریشی اپنے بچوں کے بارے میں خان کو بتا دی ہوں گی کہ کس طرح ان کے چھ کے چھ بچے اعلیٰ تعلیم حاصل کرنے کے بعد ملک سے باہر چلے گئے۔ اب انہوں نے سویڈن میں، نیروبی اور کینڈا میں رہائش اختیار کر لی ہے۔

میں اپنی تنہائی سے پریشان ہو گئی تھی۔ تم آگئے ہو تو میری کوٹھی اور میری زندگی،

دونوں میں رونق آگئی۔ اب بچے آتے بھی ہیں تو پیسہ بٹور کے چلے جاتے ہیں۔ ان کو ہندوستان میں رہنا پسند نہیں ہے۔ میری جائیداد کا اتنا روپیہ ملتا ہے کہ میں کھلے ہاتھ سے خرچ کرتی بھی ہوں تو بنک میں جمع کروانا پڑتا ہے۔ اس طرح میں کسی کی محتاج نہیں ہوں۔

یا شاید وہ دونوں ایک دوسرے کو شدید چاہت آنکھوں میں لئے گھورے جا رہے ہیں۔ شاید شاہ خان دل ہی دل میں اس سے کہہ رہا ہو۔ اے ساٹھ سالہ دوشیزہ تم اپنے سیاہ بال میرے کندھوں پر اسی طرح بکھیرتی رہو۔ اپنے مصنوعی دانتوں کی چمک سے میری آنکھیں خیرہ کردون۔ اپنی جائیداد کے تذکرے صبح و شام کرو۔ تاکہ میں تمہارے پہلو میں بیٹھ کے دوسری جوان عورتوں کو گھور سکوں، جس کا بنک بیلنس زیادہ ہوتا ہے اس کے گھورنے پر عورتوں کو اعتراض نہیں ہوتا۔

بھی اب تم اپنا گھر بسالو۔ یوں کب تک پریشان گھومتے رہو گے۔ ابھی جوان ہو گورے چٹے مضبوط انسان ہو، اب مرنے والی نے اپنی نشانیاں چار لڑکیوں کی شکل میں چھوڑی ہیں تو کیا ہوا کیا مرنے والے کے ساتھ کوئی مر جاتا ہے۔ جینے کیلئے بہانہ تو ڈھونڈ تا ہی پڑتا ہے۔ آخر بنک آفیسر ہو، کل ترقی پا کے اونچے ہو جاؤ گے۔ اس کے ایک پرانے دوست عظمت نے اس کی اہمیت بڑھا چڑھا کے بیان کی۔

یار۔ ہم کونسی کنواری لڑکی چاہتے ہیں۔ بس کوئی بیوہ ہو چکی اپنی جائیداد ہو۔ اگر اس کا بڑا پکا مکان ہو تو سمجھو وہیں ڈیرہ ڈال دیں گے۔ مگر شرط یہ ہے کہ ہو پیسے والی۔ اس نے ایک آنکھ دبا کے اپنے دوست کو دیکھا۔

پیسہ والی۔ پیسہ والی۔ عظمت نے آہستہ آہستہ دہرایا پھر یاد کرنے کے انداز مین ماتھے سے ہتھیلی ٹکا کے بیٹھ گیا۔

لا اپنا ہاتھ۔ اس نے زور سے اس کے بڑھے ہوئے ہاتھ پر ہاتھ مارا
اور بے چینی سے کھڑا ہو گیا۔

جوان بیوہ بھی ہے اور جائید اد والی بھی ہے۔ مگر اس کی دو ننھی منی لڑکیاں ہیں۔ مگر کیا؟ وہ ایسی انداز میں پوچھنے لگا میری بھی تو سب لڑکیاں ہی ہیں۔ اس کی یتیم لڑکیوں کیلئے مجھے تو کچھ کرنا نہیں پڑے گا۔ جب وہ صاحب جائید اد تھے تو مجھے کیا فکر۔

پڑھی لکھی۔ سمجھدار عورت ہے مگر اس کو ایک بیماری بھی ہے۔ کہانیاں لکھنے کی اچھا۔ ہوا کرے۔ مجھے کیا فرق پڑے گا۔ میں تو فلک سے گھر آؤں تو مجھے سر چھپانے کیلئے ایک شلٹر کی ضرورت ہو گی۔ مکان ہو گا تو میں بچوں کے ساتھ ایک جگہ وہ سکون گا۔ شاہ خان عظمت کو سمجھانے لگا۔

تمہیں کہیں آنے جانے کی ضرورت نہیں۔ بس تمہاری تھوڑی سی چاہت اور محبت اس کو تمہاری ہر ذمہ داری کا بوجھ اٹھانے پر مجبور کر دے گی۔ تم خود ماہر کھلاڑی ہو یار۔ تمہیں زیادہ سمجھانے کی ضرورت نہیں۔ یہ جتنے فنکار ہوتے ہیں نا بڑے جذباتی ہوتے ہیں۔ انہیں تم ذرا سی محبت دے کر بڑی سے بڑی ذمہ داری سونپ دو، وہ آسانی سے ہنس کر اٹھالیں گے۔ سمجھے؟ وہ اپنی دانست میں قیمتی مشورہ دے چکا تھا۔

پھر وہ دونوں رات گئے تک اپنے اپنے پلنگ پر لیئے مستقبل کے خاکے بناتے رہے۔

یہ سب واقعات و تجویز میں شادی کے بعد خان نے اس کو بتادی تھیں۔ وہ ہنس کے ٹال گئی۔

اس نے نہ صرف شاہ خان و بچوں کی ذمہ داریاں قبول کر لی تھیں۔ بلکہ شاہ خان کو ہر فکر سے آزاد کر دیا تھا۔ مگر شاہ خان کسی پر بھی زیادہ عرصہ تک بھروسہ کرنے والا آدمی نہیں تھا۔ جب اس کو پتہ چلا کہ مکان اس کی بیوی کا نہیں بلکہ اس کی لڑکیوں کے نام ہے تو

اس کو اس گھر اور اس گھر کے تمام افراد سے عجیب سی بے زاری و بے تعلقی محسوس ہوئی حالانکہ وہ نہ صرف بچوں کی دیکھ بھال اچھی طرح کرتی تھی بلکہ شاہ خان کا ذرا ذرا سا کام بھی اپنے ہاتھوں سے کرنے کی عادی تھی۔

وہ اس خدمت و محنت کو غیر اہم سمجھتا اور ثانوی حیثیت دیتا تھا۔

اس کی تلاش جاری تھی۔ کوئی ایسی عورت مل جائے جو دولت مند ہو۔ جس کی اپنی بڑی جائیداد ہو۔ اور وہ یکایک دولت مند نواب بن جائے۔ پھر شاہ خان اس سے دور ہوتا گیا۔ وہ بنک میں آنے والی اور اپنے اکاونٹ میں پیسہ رکھوانے کیلئے اس سے مشورہ لینے والی عورتوں سے ایک بہت ہی سنجیدہ و با اخلاق آفیسر کی حیثیت سے بات کرنا۔ ان کے ذاتی معاملات و نجی حالات کے متعلق اور جائیداد کے بارے میں بھی معلومات حاصل کرتا رہتا اور جب اسے کسی دولت مند بیوہ یا مطلقہ عورت سے ملنے ،۔ ان کا پیسہ جمع کرنے اور قیمتی مشورہ دینے کا موقعہ ہاتھ آتا تو وہ کسی شام ان کے بتائے ہوئے پتہ پر ان کے گھر پہونچ جاتا۔ اس کے یوں آنے پر عورتیں مرعوب ہو جاتیں۔ شام کی چائے بہت پر تکلف ہو جاتی۔ وہ بظاہر بہت بے تعلق اور محض ایک ہمدرد دوست کی حیثیت سے واپس آجاتا۔

آپ پھر خود تشریف لائیے۔ اسے ایک موقع اور ہاتھ آتا۔ پھر جیسے موقعہ ایسی کڑیاں بن جاتے ہیں جن کی زنجیر بہت دور تک پہونچتی۔

آہستہ آہستہ غیر محسوس طور پر وہ گھر والوں اور خصوصاً اس عورت کے دل میں اپنا ایک گھر ضرور بنا لیتا تاکہ اس عورت کا گھر حاصل کرنے میں مدد مل سکے۔ اس طرح دوستی مضبوط ہوتی جاتی۔

ان تمام باتوں کا علم اس کی بیوی کو بہت کم ہوتا۔ وہ بہت احتیاط سے کام لیتا۔ ایسا نہ ہو کہ اس کے کسی جملے یا حرکت سے اس ڈرامے کا انجام خراب نکلے۔ وہ بہت ہی مہذب و

باکردار آفیسر بنا رہتا۔ لوگ اس سے مل کر متاثر ہوئے بغیر نہ رہ سکتے۔

گورا چٹا، اونچے قد و قامت و مردانہ وجاہت کا نمونہ، سیاہ شیروانی یا چاکلیٹی رنگ کے سوٹ میں ملبوس، سنہری فریم والی عینک لگاتا تو کندن کی طرح چمکتے چہرے پر عجیب سا حسن پیدا ہو جاتا۔ اتنی عمر میں بھی جب کہ اس کے ریٹائر ہونے میں پانچ چھ سال باقی تھے وہ بڑا مقناطیسی چہرہ لئے گھومتا۔

ایک عرصہ تک بیوتی کی پھیکی اور بے رنگ زندگی گذارنے والی عورتوں میں وہ بے حد مقبول تھا ان عورتوں کے سامنے وہ اپنے بے ماں کے بچوں کا تذکرہ کر کے انہیں ہمدرد و غمخوار بنالیتا۔ پھر رفتہ رفتہ ان سے قریب ہونے لگتا۔

ستون سے چمٹی وہ اپنے ماضی کی ایک ایک بات کو یاد کر رہی تھی۔

وہ کونسی گھڑی تھی جب وہ شاہ خان سے اپنے مستقبل کی ایک ایک ادھوری تمنا وابستہ کئے اس کے ہاتھ میں ہاتھ دیئے اس کے بچوں کا مستقبل بنانے میں ساتھی اور سانجھی بن گئی تھی۔ ان ہاتھوں سے اس نے آٹھ آٹھ ماہ کی توام لڑکیوں کی پرورش کی تھی۔ اپنے گھر، اپنے فرنیچر اور اپنے سے متعلق ساری چیزوں میں حصہ دار بنایا تھا۔ چار سال اور دس سال کی جو لڑکیاں تھیں وہ اب کالج وہائی اسکول میں پڑھتی تھیں۔

ہر زخم مرہم رکھنے کی کوشش میں اس کے اپنے دل میں سینکڑوں گھاؤ پڑ گئے تھے۔ دوسروں کی ذمہ داریاں سنبھالنے کی دھن میں وہ اپنی ذمہ داریاں پہس پشت ڈال چکی تھی۔ شوہر اور بچوں کا دکھ درد سمیٹنے میں اسے اپنا وجود یاد نہ رہا تھا۔

شاہ خان اپنے مقصد کے پیچھے بھاگتا رہا۔ اور آج پھر ایک قدیم فوجداری کے وکیل صاحب کی دولت مند بیوہ کے چکر میں پھنس کے رہ گیا ہے۔ ایسے واقعات بار بار دہرائے گئے تھے اور اب شاہ خان ایک ماہر شکاری تھا۔ اس کو دولت مند عورتوں سے درستی

بڑھانے اور پھر آہستہ آہستہ انہیں قابو میں کر کے ان سے فائدہ اٹھانے کی عادت پڑ گئی تھی۔ جو موقع سے فائدہ نہیں اٹھاتا وہ بیوقوف ہے۔ وہ اکثر دوستوں کی محفل میں کیا کرتا۔

وہ کہانیاں لکھتی تھی۔ مختلف کرداروں کی نفسیات سے واقف جب وہ اپنے کسی کردار کا نفسیاتی تجزیہ کرتی تو لوگ اسے تعریفی خطوط لکھتے۔ اسے انسانی نفسیات کا ماہر بتاتے مگر وہ اپنی زندگی کے ایک اہم کردار کی نفسیات کے بارے میں حیران رہ جاتی۔ اس نے بڑی محنت سے اس کا نفسیاتی تجزیہ کیا تھا۔

وہ ایک غریب گھرانے سے آیا تھا۔ اپنی انتھک محنت و جدوجہد سے وہ بنک آفیسر بنا تھا۔ اور اب وہ اپنے ساتھ والے آفیسرز میں ایک اونچے معیار کی زندگی چاہتا تھا۔ خواہ کسی قسمت پر ملے۔ یہی وجہ تھی کہ وہ فوجداری کے ایک سینئر وکیل کی بیوہ سے چاہت کا کھیل کھیل رہا تھا۔ یہ عورت جس کے تین لڑکے و تین لڑکیوں کی شادی ہوئے زمانہ گذر گیا تھا اب تو اس کے نواسے بھی جوان تھے۔

یہ عورت جو کسی کی نانی ہے۔ کسی کی دادی ہے۔ اچانک اس میں کسی کو چاہنے اور چاہے جانے کا جذبہ جاگ پڑا ہے۔ وہ بری طرح شاہ خان کے ہوش وحواس پر چھاتی چلی جا رہی ہے۔ ایک اودھی گھٹا بن کر، جس سے زندگی کی روشنی مدھم پڑ گئی۔

اب بارش تھم چکی تھی۔ بس ہلکی پھوار بغیر کسی آواز کے گھر رہی تھی۔ نیم اور جامن کے پیڑوں سے قطرے تیزی سے گر رہے تھے۔

وہ دبے قدموں سے درانڈے کی چھت پر اتر آئی۔ ڈائنگ روم کے دروازے تو بند تھے ہی۔ وینٹی لیٹرز بھی بند تھے مگر ذرا انگلی سے ڈھکیلنے پر ایک بڑی دراز پیدا ہوگئی تھی۔ سب کچھ اس کی آنکھوں کے سامنے تھا وہ دونوں ڈائننگ ٹیبل کی کرسیوں پر ساتھ ساتھ

بیٹھے تھے۔ شاہ خان مسز قریشی کو چمچے سے میٹھا کھلا رہے تھے۔ اچانک مسز قریشی نے شاہ خان سے سوال کیا۔ آخر آپ نے اپنی بیوی کے بارے میں کیا سوچا ہے۔؟

خان نے بائیں ہاتھ کی انگلی کو دائیں ہاتھ کی انگلی سے کاٹ کر غالباً چھوڑ دینے کا اشارہ کیا۔ مسز قریشی نے ہونٹوں پر زبان پھیر کر شاہ خان کو مسکرا کر ترچھی نظروں سے دیکھا اور شاہ خان اس کے میٹھے ہونٹوں پر جھک گئے۔

دھڑ دھڑ۔ دھڑ۔ جیسے اس کا دل حرکت کرتے کرتے بند ہو جائے گا۔ شاہ خان کی ان حرکتوں کے بارے میں اس نے صرف سنا تھا مگر اپنی آنکھوں سے دیکھنا کتنا جان لیوا ہے۔

کان کی لو میں گرم ہو گئی تھیں۔ کنپٹیاں جیسے تڑخ رہی تھیں۔ اس کیفیت کا وہ کوئی صحیح نام نہ دے سکی۔ اس کی تو ساری زندگی تپتے ہوئے صحرا کی طرح گذری۔ ایسے ہی حالات میں ایسی ہی غیر محفوظ۔ تیز آندھی میں رکھے کے ننھے دیئے کی کانپتی لو کی طرح۔

مٹی کے کچے گھروندے کی طرح جو تیز بارش میں بہہ جاتا ہے۔ وہ کب تک اس گھروندے کو اپنے آنچل سے ڈھکتی رہے گی۔

ننھے منے بچوں کو اس کے ہاتھوں نے پال پوس کے بڑا کیا ہے۔ بچے اس پر بھروسہ کرتے ہیں۔ اس کو ماں کہہ کے پکارتے ہیں مگر۔

اے میرے بچو! جس کشتی میں ہم سب سوار ہیں اس کے پتوار ایک ظالم ملاح کے ہاتھوں میں ہیں۔ کچھ پتہ نہیں پار لگائے گا یا کنارے سے قریب لا کے غرق کر دے گا۔ وہ ایک غیر ذمہ دار انسان ہے۔ اس کے پہلو میں تحفظ کا احساس نہیں ہوتا۔ وہ خود اپنے لئے ایک محفوظ پہلو ڈھونڈ رہا ہے۔ جہاں پہونچ کر اس کو دولت مندی، مضبوطی و اونچائی کا احساس ہو۔

کیا ایسا سوچنا کردار کی انتہائی پستی نہیں ہے۔

آج اس طرح بارش میں بھیگتے بھیگتے اور اس کی شخصیت کا تجزیہ کرتے کرتے اسے یاد آیا کہ بھائی میاں نے بتایا تھا کہ جس طرح آدم خور شیر کو انسان کے خون کی چاٹ لگ جتی ہے اسی طرح شاہ خان کو بیوہ عورت کے پیسے کی چاٹ لگ گئی ہے آسانی یہ ہے کہ وہ خوش شکل واسمارٹ ہے اور ایک نیک آفیسر ہے۔ یہ دولت مند عورتوں سے قریب ہونے کا بڑا اچھا ذریعہ ہے۔ اور پھر کسی کو کوئی شبہ بھی نہیں ہوتا تمہیں معلوم ہے۔ میں اسے بیوہ خور کہہ کے پکارتا ہوں۔ انہوں نے قہقہہ لگایا تھا۔ افوہ۔ کس قدر خطرناک نام ہے۔

اس خنک ہوا میں بھی اس کے ماتھے پر پسینے کی بوند میں ابھر آئی تھیں اور آنکھوں سے جھر جھر برسات ہو رہی تھی جو اس کے سینے میں شعلے بھڑکا رہی تھی

ہم تو سمجھے تھے کہ برسات میں برسے گی شراب
آئی برسات تو برسات نے دل توڑ دیا

دور سے بیگم اختر کی آواز آرہی تھی۔

(۱۰) راستے کا پیڑ

میں بالکنی میں کھڑی سڑک کے کنارے اس درخت کو دیکھ رہی ہوں جس کے نیچے کئی راہگیر بارش سے بچنے کیلئے جمع ہو گئے تھے۔ ان تک صرف خنک ہوا کے جھونکے ہی پہونچ پائے اور سکڑے سکڑائے جسم شاید یہ سوچ کر خوش ہو جاتے کہ بارش سے بھیگنے اور سرد ہواؤں کے تیز جھونکوں سے محفوظ رکھنے کیلئے یہ پیڑ کس قدر ضروری واہم ہے۔

اس نے پلٹ کے وارنڈے میں بیٹھی اماں کی طرف دیکھا۔ مہربان شفیق مسکراہٹ ہونٹوں پہ لئے رہ منے چما کے لڑکے کو پڑھا رہی نہیں۔ اسٹو پر جائے کی کیتلی رکھی تھی اور ان کے ہاتھوں میں نوازش بھائی کا ادھورا سوئیٹر تھا جسے وہ بغیر آرام لئے جلدی جلدی بن رہی تھیں۔

نیچے سیڑھیوں سے ہٹ کے ابن میاں اور عالیہ بانو کا کمرہ تھا۔ اور بڑے بھیا چھوٹے بھیا اور نسیم بھیا کے قہقہے ستونوں والے دالان سے سنائی دے رہے تھے۔ اور اماں کے چہرے پر ان قہقہوں کو سننے سے ایسی تازگی اور مسکراہٹ آ جاتی جیسے ان کی جوانی پھر لوٹ آئی ہو، مگر بیچاری اماں نے تو مشکل ہی سے زندگی کے کچھ دن اچھے گذارے ہوں گے۔ ابامیاں دکن گئے۔ وہیں کے ہو رہے، جب بھی انہوں نے اماں کو دکن بلایا اور آنے کیلئے منی آرڈر بھیجا تو یہ بار اماں ہم سب کو سینے سے لگا کے پیار سے بڑبڑائیں۔ "کیسے چلی جاؤں ان کمبخت ماروں کو چھوڑ کے۔ بڑی مشکل سے ان بے ماں باپ کے بچوں کو پرورش کیا ہے۔ اب کس کے بھروسے چھوڑ دوں۔ اور پھر وہ سارے ہیں اماں بچوں کی ضروریات

پر خرچ کرڈالتیں۔

اماں کو کوئی اماں کہتا، کوئی ننھی دلہن اور کوئی جگور والی باجی کیلئے پکارتا، دیہات کی بڑی بوڑھیاں انہیں ننھی دلہن کہتیں، ادھیڑ عمر کی عورتیں اور مرد جگور والی باجی کہتے اور دیہات کے سارے بچوں کیلئے وہ اماں تھیں۔ اماں کے نام کے ساتھ آنکھوں کے سامنے ایک مہربان، پر خلوص اور پر شفقت ہستی کا تصور آجاتا۔

ہاشم میاں اپنی برف کی طرح سفید داڑھی پر ہاتھ پھیر پھیر کے ان کی شادی کے حالات سنایا کرتے۔ وہ تھیں بھی ایسی ہی جب بیاہ کے سسرال آئیں تو آنچل میں بہت سے گڈگے، گردیاں بھی میکے سے ساتھ لے آئیں۔ انہوں نے ابھی ابھی تو اپنی لاڈلی گڑیوں کا بیاہ رچانا، اور ڈھولک پر سکھی سہیلیوں کے ساتھ لہک لہک کے گانا اور رسم و رواج کی پابندی کرنا سیکھا ہی تھا کہ ان کا بیاہ رچادیا گیا۔ اور ننھی سی سگھڑ اور مہربان دلہن پا کے سسرال والے نہال ان کے دھان پان جسم میں بہت بڑا دل دھڑکتا رہتا۔ سب کے دکھ درد پہ کراہتا ہوا یہ دل ان کے سخی و لمبے ہاتھوں کا ساتھ نہ دے پاتا۔

اللہ رکھے ان ننھی منی جانوں کو پیسہ تو بہت مل جائے گا۔ وہ اکثر دیہات کے مفلس اور یتیم بچوں کی مدد کرتے ہوئے دعا مانگا کریں۔

ابا میاں کو بڑا ارمان تھا کہ بس ایک ہونہار بچے کے باپ بن جائیں۔ اے جی سنتی ہو ؟ جانے وہ دن کب آئے گا جب میں باہر سے آؤں گا تو میاں صاحبزادے فوراً دوڑے ہوئے آئیں گے اور میری ٹانگوں سے لپٹ جائیں گے کبھی میری اچکن اٹھائے لئے آرہے ہیں تو کبھی میرے جوتے اپنی کمزور گرفت میں پکڑے چلے جارہے ہیں۔ دیکھنا شہر کے سب سے اچھے اسکول میں پڑھاؤں گا صاحبزادے کو آہاہا، وہ خوش ہو کر یوں قہقہہ لگاتے کہ اماں سسپٹا کے نگاہیں چرانے لگتیں۔

خدا کا کرنا ایسا ہوا کہ بہار کی پہلی کونپل ان کی کوکھ سے پھوٹی۔ دیکھتے دیکھتے ننھی دلہن، ننھی ماں بھی بن گئیں۔ اب ابا میاں دن رات گھر میں پڑے رہتے۔ نیاز نذر میں۔ مرادوں، منتوں میں پیسہ پانی کی طرح بہایا گیا۔

اب دونوں کو اس دن کا انتظار تھا جب سرخ وسفید چہرے والا گول مٹول بچہ بیاں چلے گا۔ پھر کسی کرسی یا دیوار کا سہارا لے کر کھڑا ہو گا۔ پھر چلنے لگا۔ پھر ابا میاں کی اچکن لے آئے گا۔ ان کے جوتے لئے گرتا پڑتا پنگ کے نیچے رکھ آئے گا۔

وہ اپنے بچے کے متعلق سوچتے سوچتے آپ ہی مسکرانے لگتے اپنے دوستوں اور ساتھیوں سے شہر کے سب سے اچھے اسکول کے متعلق معلومات حاصل کرتے۔

وہ اپنے بچے کو یوں گود میں اٹھائے جیسے وہ کانچ کا بنا ہوا حسین گڈا سے ابا میاں کے حد بزرگ انہیں منجھلے میاں کہتے مگر دیہات کے سب بچے ابا میاں کی رٹ لگائے رہتے جب بچہ رینگنے لگا اور فرش پر پڑی ساری ضروری وغیر ضروری چیزوں کی اُٹھا دھری۔ توڑ پھوڑ اور ہر چیز پر توجہ دینے کی ذمہ داری اس کی چھوٹی سی ذات پر آپڑی تو ننھی دلہن اور منجھلے میاں ہر حرکت پر قربان ہو جاتے۔ اب سارے دیہات میں ننھی دلہن کا طوطی بولتا تھا۔ یوں بھی ان کی مہربانی، سخاوت اور آڑے وقت کام آنے والی عادتوں سے سب ہی متاثر تھے۔

ان کے ارمانوں پر اچانک خزاں چھاگئی۔ خوشیوں کے پھول مرجھا گئے۔ اچھا خاصہ ہنستا کھیلتا بچہ ہمیشہ کیلئے چپ ہو گیا۔

پھر ننھی دلہن اولاد کیلئے ترستی رہیں۔ مگر کوکھ تو ہمیشہ کیلئے اجڑ گئی تھی پھر اس سے کوئی کونپل نہ پھوٹ سکی۔

منجھلے میاں ایسے دل شکستہ ہوئے کہ اپنے بڑے بھائی کے پاس دکن چلے گئے اور

وکالت شروع کی۔

ادھر دیہات میں ہیضہ کی وباء نے گھر کے گھر ویران کر ڈالے۔ اگلے وقتوں میں یہی تو ہوتا تھا کہ جب کوئی وبائی مرض پھوٹ پڑتا تو دیہات کے دیہات اجڑ جاتے جگور میں جس تیزی سے وباء پھیلی اسی تیزی سے دیہات ویران ہو گئے ایسے وقت ننھی دلہن نے لاوارث بچوں کو ڈھونڈ ڈھونڈھ کے اپنی حویلی میں بسانا شروع کیا۔ وہ یوں پریشان وہراساں تھیں جیسے ان کی اولاد موت کے منہ پر کھڑی ہے۔

جب بھی منجھلے میاں چھٹیوں میں آتے تو لکھنو کی کوٹھی میں قیام کرتے اور ننھی دلہن کو اپنے ساتھ لے جانے پر ضد کرتے مگر ان چھوٹی چھوٹی یتیم جانوں کو چھوڑ کے ننھی دلہن کہاں جاتیں۔ ان سب کا بار تو ان ہی کندھوں پر تھا۔

اب دیہات میں کسی صورت منجھلے میاں کا دل نہ لگتا۔ انہیں یہاں کی ہوا بھی بری لگتی اور فضا بھی۔

ننھی دلہن تو سانپ کے منہ کی چھچھوندر تھیں نہ اگلے بنے نہ نگلتے۔ جب رات کو سب بچے اکٹھے ہوتے تو وہ پلنگ پر لیٹی ہوئی کہانیاں سنایا کرتیں۔ ان کی ہر ضرورت پوری کرتیں۔ انہیں پڑھاتیں لکھاتیں تیار کر کے اسکول بھیجتیں۔ انہیں سلیقہ مند اور سوگھڑ بنانے میں وقت کا بڑا حصہ صرف کرتیں۔ انہیں ادب لحاظ سکھانے، تمیز دار اور محنتی بنانے کے لئے ہر ممکن طریقہ اختیار کرتیں۔ ان مصروفیات کیلئے انہیں بعض وقت سارا دن بھی ناکافی محسوس ہوتا۔ لڑکیوں کو وہ سینا پرونا کاٹ بیونت وپکوان بھی سکھاتیں۔ اماں انہیں دنیا میں ایک مکمل انسان کی طرح جینا سکھاتی رہیں ان کے دکھ درد میں جاگتی رہیں ان کی خدمت کرتیں ان کی خدمت کرتیں، کھیت کٹنے اور ان کے باغات کی فصلیں فروخت ہوتیں تو ننھی دلہن بہت خوش ہوتیں۔ پھر مہینوں بچوں کے کام کاج چھٹی نہ

ملتی۔ اس طرح انہوں نے اپنی ساری جائیداد سے وصول ہونے والا پیسہ ان بچوں کی پڑھائی لکھائی و پرورش پر صرف کر دیا۔

میں نے پلٹ کے پھر اماں کی طرف دیکھا ان کے چہرے پر بے شمار جھریاں پڑ گئی ہیں وہ پہلے سے زیادہ کمزور ہو گئی ہیں۔ ان کے ہاتھوں میں ہلکا سا رعشہ پیدا ہو گیا ہے۔ مگر ان کے سوچنے سمجھنے کی قوت کہیں زیادہ بڑھ گئی ہے۔ یہ جوان و ادھیڑ عمر کے لوگ جو اس حویلی میں چلتے پھرتے نظر آتے ہیں وہ اماں کی آغوش کے پالے ہوئے ہیں ان کے کپکپاتے ہاتھ یقیناً کمزور ہیں مگر ان کی صحت مند فکر و نظر نے انہیں عظیم بنا دیا ہے۔ ہائے اماں تم راستے کے اس پیڑ کی طرح ہو جو یونہی سر بلند کئے ہیں پھیلائے ہر انسان کی خدمت کرتا ہے۔ اس کو اپنی وسیع آغوش میں پناہ دیتا ہے۔ طوفان، آندھی و جھلسا دینے والے بگولوں سے بچاتا ہے اور حالات کا ہر ستم اپنی ذات پر سہہ لیتا ہے اگر ہماری زندگی کی راہ میں تم جیسا طاقت ور و گھنا پیڑ نہ آتا تو ہم کہاں جاتے؟

(۱۱) کہانی ایک گاؤں کی

رگھو کھانا کھانے کے بعد چلم کے کش لینے لگا۔ شانی برتن سمیٹ کر نالہ پر دھونے چلی گئی۔ کھیتوں کے بیچ سے عجیب سوندھی ٹھنڈک نکل رہی تھی۔ دھان کی بالیاں سنہری ہو رہی تھیں۔ دھان خوشبو دار تھے یہ دھان وہ وینکٹ ریڈی زمیندار سے مانگ کے لایا تھا کتنا ارمان تھا اسے خوشبو دار دھان اگانے کا کھیتوں کے اطراف سورج مکھی کی باڑھ بھی اس کی حسن پرستی ظاہر کرتی۔

رگھو سب سے الگ تھلگ نظر آتا۔ صورت شکل میں، لباس، بات چیت، پسند ناپسند سب الگ تھی۔ ان سب کے درمیان رہتے ہوئے کبھی اس کا اپنا رنگ الگ پہچانا جاتا تھا۔ اس کے کھیتوں کے اطراف پھول دار موسمی پودے ضرور لگے ہوتے۔ جب بھی شہر جاتا پھولدار پودوں کی نام گیلے کپڑے میں لپٹ کے ساتھ لاتا۔ ان پھولوں کا نام اس کو یاد نہ رہتا مگر الگ، پھولوں کی بناوٹ پتیوں کی قسم، اسے اچھی طرح یاد رہتی۔

اس چھوٹے سے دیہات میں، اس کی بیوی سب عورتوں سے زیادہ اچھی شکل وصورت کی تھی۔ ملی ہوئی گہری بھنویں، سیدھی پگڈنڈی کی طرح بازوں کے درمیان چلی گئی۔ لمبی مانگ اور ٹھڈی کا کالا تل۔ کسے ہوئے بدن پر ہری ساری باندھ کر، پلو کمر میں اڑس کر لمبے لمبے قدم رکھتی کھیتوں کو جانے والے راستے پر چلتی تو دور سے دیکھ کر یوں لگتا جیسے مندر کی سیاہ چمکدار پتھر والی مورتی میں جان پڑ گئی۔ پتلی کمر پر چاندی کا کمرپٹہ وہ ضرور لگاتی۔ مسلسل محنت نے اس کا بدن بڑی خوبصورتی سے تراشا تھا۔ یہ کمرپٹہ واحد گہنا تھا جو اسے

میکے سے ملا تھا۔ جب بھی دونوں میاں بیوی مندر جاتے وہ اشارے سے شانی کو بتاتا کہ یوں لگتا ہے جیسے یہ تیری ہی مورتی ہے۔

اتنا گہنا کہاں ہے میرے بدن پر۔ صرف دھاگے سے بنی ڈوری میں پشتہ پڑا ہے۔

یہ دیکھ، وہ پشتے کی ڈوری، چولی سے کھینچ کے نکالتی یہ دیکھ اتا سا سونا، رگھو کا جی چاہتا موتی کے گلے سے سارے گہنے نکال کر شانی کو پہنادے یوں بھی عورتیں گہنے پاتوں سے بہت خوش ہوتی ہیں نا؟ جیسے مورتی پتھر کی بنی ہوئی ہے ویسے ہی اس کے گہنے بھی پتھر ہی میں کھود کی بنائے گئے ہیں۔

یہ گاؤں بھی کتنا چھوٹا سا ہے۔ پر گی سے پندرہ سولہ میل دور غریبی، ناداری وافلاس کی گہری چھاپ ہے اس گاؤں کے ذرے ذرے پر، بچی ریڈی اور وینکٹ ریڈی یہاں پکی حویلیوں میں رہتے ہیں۔ ان کے قلعہ نما گھروں کو دیکھ کے آنکھیں حیران رہ جاتی ہیں۔

خصوصاً وینکٹ ریڈی کا عالیشان قلعہ۔ اس گاؤں میں جہاں جھونپڑیاں ہیں کچے گھر ہیں، مٹی سے بنے گھر جن کی چھتوں پر کویلو کی طرح شاہ آبادی پتھر جائے جاتے ہیں۔ بعض دو منزلہ گھر بھی مٹی سے بنے ہوئے ہیں اور چھتوں پر شاہ آبادی پتھر۔ وینکٹ ریڈی اور بچی ریڈی بڑی عزت والے زمیندار ہیں۔ ان کے گھرانے میں خوشبودار چاول اور اصلی گھی روزہ استعمال ہوتا ہے۔ گاؤں پتھر کے قریب آدمی آج بھی ان کے کھیتوں میں کام کرنے کیلئے مجبور ہیں۔

وینکٹ ریڈی نوجوان زمیندار ہے۔ اس کے دیوان خانے میں شیر کی کھالیں اور ہرن دوبارہ سنگھا کی سینگین دیواروں کی زینت ہیں۔ ریچھ کی لمبے سیاہ بالوں والی کھال درمیانی میز کے نیچے بچھائی گئی ہے۔ اس قلعہ نما حویلی کی چھت سے پورے گاؤں کا نظارہ کیا جاسکتا ہے۔ اس حویلی میں چور دروازے اور تہہ خانے بھی ہیں۔ وینکٹ ریڈی کو شکار کا شوق

ہے۔ دیواروں پر جانوروں کی کھالیں اور سجی ہوئی بندوقیں اس کے شوق کا اظہار کرتی ہیں۔

چھت پر کروٹن کے گملے سلیقے سے رکھے ہیں۔ حویلی کی بنیاد کے ساتھ ساتھ گودام ہیں جہاں زمینات سے آیا ہوا اناج رکھا جاتا ہے۔

کہا جاتا ہے کہ اگلے وقتوں میں اس حویلی کو بنانے والے مستری شہر سے آئے تھے۔ ہاں مٹی ڈھونے و پتھر اٹھانے والے مزدور اسی گاؤں کے تھے۔ افلاس و غریبی کے مارے ہوئے جنہیں دیکھ کے رحم آتا ہے، پھٹے ہوئے میلے کپڑے گھر میں تھوڑے سے مٹی کے برتن، موٹی دھوتیاں، موٹی ساریاں جن میں کئی کئی پیوند پڑے ہیں۔ دھجی دھجی کپڑے جنہیں پہن کر جانے یہ کیوں محسوس ہوتا ہے کہ ہم نے کچھ پہنا ہے کہیں سے بدن ڈھک گیا ہے تو کہیں سے کھل گیا ہے۔ یہ لوگ پچکے ہوئے پیٹ اور ابھری ہوئی ہڈیاں بجھ نہیں چھپا سکتے۔ اکثر موٹا چاول لال مرچ کی چٹنی سے کھاتے ہیں۔ دال یا ساگ کم ہی بنتا ہے۔ دال اور چاول کھانا بھی ایک طرح کا عیش ہے۔

بجی ریڈی نے ایک مسلمان گماشتہ رکھا ہے جو ہر روزہ سود کا پیسہ وصول کرنے کیلئے قریب کے دیہاتوں میں گھومتا ہے۔ اس کے سینے پر تین جوان بیٹیاں لدی ہیں۔ بجی ریڈی ہر آڑے وقت اس کے کام آتا ہے۔ گماشتے نے بھی دنیا دیکھی ہے۔ وہ کسی قیمت پر زمیندار کو ناراض نہیں کرتا، اس کے لئے اصلی گھی، انڈے و سستی مرغیاں آس پاس کے دیہاتوں سے اکٹھی کر کے لے آتا ہے۔ کہیں کسی پیر کے مزار پر منتیں پوری کرنے پر کچھ پکتا ہے۔ فاتحہ دینے کیلئے بجی ریڈی کا گماشتہ بلایا جاتا ہے۔ مرغیاں ذبح کرنا ہو یا فاتحہ دینا ہو، وہ نل پر نہا کے صاف کپڑے اور جالی دار ٹوپی اوڑھ کے فوراً حاضر ہو جاتا ہے۔ اسی طرح اس نے اپنی گرہستی چلائی۔ بیوی اور تین بیٹیوں کی سرپرستی کی۔ وہ خود کسی درگاہ کا

متولی تھا مگر کم ہی درگاہ میں حاضری دیتا۔ ہر وقت نشہ میں مدہوش رہنے والے کا وہاں کیا کام۔ پھر یہ پینے پلانے کی عادت ایسی پختہ ہوگئی تھی کہ اب وہ بغیر پئے رہ بھی نہ سکتا تھا۔ خدا بھلا کرے بچی ریڈی کا اس کے وصول شدہ پیسوں میں سے وہ اپنے لئے سستے گڑ مبے کی بوتل ضرور خرید لیتا۔ زمیندار سب جانتے ہوئے بھی اسے کچھ نہ کہتا۔ کام کا آدمی تھا نہ ہو

ہر وقت اس کے ہاتھ میں ایک موٹا سا ڈنڈا ہوتا جس کے آخری سرے رلوہے کی پٹی ٹھنکی ہوتی۔ مشہور تھا کہ اس زمیندار کے گماشتہ نے کئی سرکش آدمیوں کے سر کھول دیئے تھے۔

گاؤں کے درمیان بڑا سا تالاب تھا جس کے اطراف مویشی گھاس چرتے۔ بھینس پانی کے اندر بیٹھی جگالی کرتی رہتیں۔ گاؤں کے بچے اور مویشی چرانے والے گدڑیے سامنے میدان میں کھیلتے رہتے۔ چھوٹے چھوٹے بچوں میں ذمہ داری کا یہ احساس بتاتا ہے کہ وہ کمسنی ہی میں اپنا بوجھ خود اٹھانے کے قابل بن جاتے ہیں اور ماں باپ کا بوجھ ہلکا کرنا چاہتے ہیں۔

مویشی چرانا، کھیتوں کی مینڈھیں بنانا، ماں کے ساتھ گھر کو چونے ولال مٹی سے پوتنا اور پھر گاؤں کے اسکول میں پڑھنے جانا، اپلے جلا کر پانی گرم کرنا، مویشیوں کو چارہ ڈالنا، تالاب پر کپڑے دھوتے ہوئے گھانس چرنے والے مویشیوں پر نظر رکھنا، کتنے کام ہیں ان ذرا ذرا سی جانوں کیلئے اسی طرح گاؤں کے کچے راستوں پر بھاگتے بھاتے وہ جوان ہو جاتے ہیں۔

بدھ کو بازار لگتا ہے جس میں ضرورت کی ساری چیزیں بکتی ہیں۔ ش ہر سے دو چار سستے کپڑوں کی دوکانیں بھی آجاتی ہیں۔ اس بازار میں مویشی المونیم کے کم قیمت والے برتن،

صراحیاں، گھڑے، بٹیاں، ٹوکرے، چٹائیاں، بوریئے، آئینے، پاوڈر، ہینڈ لوم کی ساڑیاں، چھلواری، موٹی ململ اور بچوں کیلئے ریڈی میڈ رنگین کپڑے۔ کم از کم دو فرلانگ تو لگتا ہی ہے بازار، جس میں گوشت ترکاری اور کبھی مچھلی بھی ملتی ہے۔ گوشت صرف بازار کے دن ملتا ہے۔

یہاں ایک پکی دوکان قادر بی کی ہے جس میں ہر وقت ٹیپ ریکارڈ بجتا رہتا ہے۔ اس کا شوہر مزدوروں میں بھرتی ہو کر باہر چلا گیا تھا۔ قادر بی نے چھ ایکڑ زمین خرید لی ہے۔ اور اب دوکان پکی بن گئی ہے۔ اکثر ضرورت کی چیزیں قادر بی کی دوکان پر مل جاتی ہیں۔ اس کے پاس باہر کا کچھ سامان بھی جمع ہو گیا ہے مگر گاؤں کی عام حالت افلاس زدہ ہے۔ ونوبا بھاوے جی کی پدیاترا میں پچاس ساٹھ ایکڑ زمین بھودان تحریک کے تحت دی گئی تھی۔ مگر دی گئی صرف کاغذ پر وہ زمین اب بھی وینکٹ ریڈی کے قبضے میں ہے۔

یوں بھی صرف زمین سے کیا ہوتا ہے۔ دانہ چاہئے، کھاد چاہیے، کام کرنے والے چاہئے، ہل چلانے کیلئے بیل چاہئے، پانی کیلئے چاہئے۔ پھر الٹا زمیندار کا قرض چڑھتا چلا جاتا ہے، بہتر طریقہ وہی ہے کہ بڑے زمینداروں کے کھیتوں اور گھروں میں کام کرو اور موٹا جھوٹا کھاؤ، اور کوئی صورت بہتری کی ہو نہیں سکتی۔

کبھی کبھی شانی کے طعنوں سے تنگ آ کے وہ سوچتا کیوں نہ قادری بی کے گھر والے کی طرح مزدوروں میں بھرتی ہو کر باہر چلا جائے۔ مگر یہ باہر کا چکر بھی تو ہزاروں روپئے چاہتا ہے۔ یہ بھی سننے میں آ رہا ہے کہ اب کمائی کے لئے باہر جانا بھی بند ہو جائے گا۔ لوگ واپس آ جائیں گے۔ بس بھگوان جس حال میں رکھے خوش رہو۔

کیا بھگوان کی زبردستی ہے ؟ رگھو کے ، اندر کہیں سے ایک چنگاری اڑتی۔ پھر اس کا سارا وجود دہک اٹھتا۔ وہ ایک ایسی بھٹی بن جاتا ہے جس میں لوہا، فولاد ، سب کچھ پگھل جاتا ہے۔ وہ آنسو پی جاتا اور مٹھیاں کس کے دیوار پر مکے برسانے لگتا۔

وہ دن بدن بدلتا گیا۔ زمیندار کے کارندے پکڑ کر لے جاتے۔ مار پیٹ کرتے ، وہاں سے چھوٹ کر وہ اور زیادہ خطرناک منصوبہ بناتا ، جب شہر جانا وکیلوں سے مل کے گاؤں کے حالات کے بارے میں مشورے لیتا۔ وینکٹ ریڈی بھی اس کی آگ سے پگھلتا گیا۔ اس کا قرض معاف کر کے اس کی زمین واپس کر دی۔ زمیندار جانتا تھا کہ مخالفت کرنے والے پر عنایات کی بارش کر دو تا کہ آگ پھیل نہ سکے۔ رگھو کی کامیابی نے دوسرے کاشتکاروں کی ہمت بندھائی۔ اب وہاں بہت سے کسان اپنی زمین اور کھیت رکھتے ہیں یہ سب رکھو کی لگائی ہوئی آگ ہے۔ اب اس کو آگ سے کھیلنا آگیا ہے جب آگ سے کھیلنے کا فن آجاتا ہے تو زندگی کی ، کٹھنائیاں ، پریشانیاں اور تکلیفیں سب حقیر لگتی ہیں۔ اس کا دل و دماغ عام لوگوں سے الگ کام کرتا۔ وہ دنیا بھر سے بے خبر اپنی گرہستی ، اپنے کھیت اور صرف اپنی زمین کے بارے ہی میں نہیں سوچتا تھا بلکہ سارے کسانوں کی عام زندگی کے بارے میں بھی اس نے خیالوں ہی خیالوں میں کئی نقشے بنائے تھے۔

پھر وہ نیک بند ہونے کے بعد شام میں بنک کے سامنے والے چبوترے پر بیٹھ کے چلم کے کش لیتا تو وہ سارے نقشے اپنے ساتھیوں کو بھی دکھاتا جاتا۔ کچھ سمجھ میں آجاتے اور کچھ لاکھ کوشش پر بھی لوگوں کو وہ سمجھا نہ سکتا اور سامنے سڑک پر کسی نہ کسی کے گذرنے پر سرگوشیاں بند ہو جاتیں۔

پچھلے سال جب سوکھا بڑا تھا تو زمیندار کے گودام سے کسی نے آدھا اناج غائب کر دیا تھا۔ زمیندار کے کارندے رگھو کو پکڑ کے لے گئے مگر کب تک حبس بیجا میں رکھتے؟ آخر چھوڑ دیا۔

رگھو اکیلا کسان تھا جس نے گاؤں کے اسکول سے ساتویں کلاس پاس کی پھر پرگی جا کے میٹرک کیا۔ اس نے فرسٹ کلاس مارکس لئے تھے۔

وہ آگے پڑھنا چاہتا تھا اور اس کا باپ اس کو پڑھانا نہ چاہتا تھا۔ اتنے فاضل پیسے کس کے پاس ہیں کہ شہر بھیج کر آگے پڑھایا جائے۔

وہ خوب رویا تھا، چیخا و چلایا تھا۔ مگر بغاوت کا جوالا مکھی تب بھی اس کے سینے میں سلگ رہا تھا۔ اُس نے گاؤں کی اس چھوٹی سی کنٹین میں کام کرنے سے انکار کر دیا تھا جو اُسکا باپ اور چاچا مل کر چلاتے تھے اور جو دو بڑے جھونپڑوں پر مشتمل تھی۔

اب گاؤں میں بنک بھی کھل گیا تھا اور کسانوں کا پچھڑا ہوا، حالات سے مجبور اور پسا ہوا جتھا بھی بنک سے قرض لے سکتا تھا مگر یہ بھی سچ تھا کہ یہاں کا چند افراد پر مشتمل، اونچے زمینداروں انکے رشتہ داروں اور دوستوں کا حلقہ جو انسانوں کو مختلف خانوں میں بانٹ کر اپنا نام سر فہرست رکھتا تھا اور اپنی ٹانگ ان معاملات میں پھنسا کر رکاوٹیں پیدا کرنے کی کوشش میں مصروف تھا۔

بنک کے منیجر کو اپنے گھر دعوتیں دیکے بلانے، اس کو مختلف لوگوں کے بارے میں غلط باتیں بتانے، وقت پڑنے پر گواہی نہ دینے اور الٹی سیدھی باتیں بنا کر بہکانے میں یہ مٹھی بھر آدمی اپنی اور اپنے ساتھوں کی ساری قوت سمیٹ کر اس کام میں جٹ گئے تھے۔ مگر رگھو نے مویشی اور دانہ بھی خرید لیا تھا۔ اپنی زمین پر اس نے دوسرے کسانوں سے مل کے دھان کی کاشت کی تھی۔ کچھ کسانوں نے رگھو کی ہدایت پر ایک دوسرے کی مدد

کرنے اور ایک دوسرے کے کھیتوں میں کام کر کے دوستی کی بنیادوں کو مضبوط بنانے کا وعدہ بھی کیا تھا۔ پھر ان کی بیویاں و بچے بھی تھے۔ اس طرح ہمت کر کے رگھو کے آگے ڈھکیلنے پر وہ زمیندار کی نظروں میں کھٹکنے لگے تھے۔

دوسرے مسائل بھی تھے اناج کو پہلے جاگیر دار، زمیندار، انکے کارندوں میں اور گاؤں کے بڑے لوگوں میں بانٹ دیا جاتا تھا۔ تھوڑا بہت اناج جو بنڈیوں پر لاد کر شہر کی منڈیوں میں بیچنا پڑتا تھا۔ وہ ان کسانوں کیلیئے پورا نہ پڑتا۔ نہ رکھا ہوا، نہ فروخت کیا ہوا۔ پھر تو کسی کسان کے پاس زمین ہی نہیں رہ گئی تھی۔ کسی نہ کسی ضرورت سے یا کھیتی باڑی کی سہولتیں نہ ملنے پر زمین کوڑیوں کے دام زمیندار کے پاس خود بخود چلی جاتی تھی زیادہ آسانی اس میں تھی کہ زمینداروں کے کھیتوں میں مزدوری کر کے پیٹ بھرنے کا سامان کیا جائے پھر ان کی یہ محنت تو منڈیوں میں فروخت ہو جاتی مگر دام گھٹا کے صرف مزدوری زمیندار ان کو دیتا تھا۔ اس طرح وہ معمولی مزدور تھے۔ اپنے کھیتوں پر بھی ان کی حیثیت ایک مزدور کی تھی رگھو نے آہستہ آہستہ اپنے کھیتوں پر اناج اگانا شروع کیا تو سارے ساتھیوں نے ساتھ دیا۔

شانی نے ڈھولک اور زمانے سے بیکار پڑے سامان سے گھنگھرو نکال کے لنگیا و گھومری کو دیئے تھے۔ ناچ گا کے ان سب نے ان کی خوشیوں میں برابر کا حصہ لیا۔

اس افلاس زدہ گاؤں میں بنک صرف کچھ سال پہلے کھولا گیا تھا ورنہ حالات شاید بد سے بتر ہو گئے ہوتے۔

یو بھی عام زندگی غربت، افلاس اور تنگدستی میں گذر رہی تھی۔

رگھو نے بنک کے گاؤں میں آتے ہی ساری مردہ زندگیوں میں جان ڈالنے کی کوشش کی۔ نہ صرف خود بنک سے قرض لیکے مویشی خریدے بلکہ دوسروں کو بھی جھنجھوڑا خود میر کا رواں بن کر سب کا ہاتھ پکڑ پکڑ کے اپنے ساتھ کھینچتا رہا۔

ان کو لیکر چلتا رہا۔ ان کے راستوں میں اپنے ارادوں، اپنی پر عزم باتوں اور منصوبوں کی مشعلیں جلاتا رہا۔ ان کے ساتھ ساتھ چلتا رہا ایک کمرہ کے پوسٹ آفس میں، وہ اکثر پوسٹ ماسٹر سے ملنے آتا۔ شہر سے آئی ہوئی اپنی چھٹیاں، پرچے اور دوستوں کے خطوط لینے آتا۔

کبھی وہ دیر تک پوسٹ ماسٹر سے باتیں کرتا رہتا۔ وہی ایک پڑھا لکھا دوست تھا اس کا۔۔۔ اس کے کسان ساتھوں میں چوتھی، پانچویں کلاس تک پڑھے ہوئے کچھ دوست ضرور تھے مگر پچھلی پیڑھی نے تو کچھ بھی پڑھنا لکھنا نہیں سیکھا تھا۔ انھیں زمینداروں نے ساہوکاروں نے اور چھوٹے موٹے بنیوں نے کومٹیوں نے خوب لوٹا تھا۔ گاؤں میں ان کے تنگ تاریک پکے مکان تھے جن کی چھتوں پر لوہے کی سلاخیں سمینٹ اور گارے میں بٹھائی گئی تھیں تاکہ چور اچکے چھت کھول کر اندر نہ کود سکیں۔

باہر دوکانیں تھیں، اندر گھر بھی تھے اور گودام بھی۔۔۔ زندگی کی چھوٹی چھوٹی چیزیں یہاں سے مل جاتی تھیں۔ اُدھار کھاتے بھی چلتے مگر لکھنے والے صرف بیوپاری تھے۔ خرید نے والے تو جاہل تھے۔ بے چارے تو اپنی ذہنیت سے مجبور تھے چھوٹے چھوٹے قرضے اکھٹے کر کے کوئی بڑی چیز ہتھیا لیتے۔ غریب اور غریب ہو جاتے۔ پیسہ والوں کے یہاں اور پیسہ آجاتا۔

رگھو نے اپنی زمین وینکٹ ریڈی سے چھڑائی تو اس پر ہل چلا کر، دانہ ڈال کر، اس کی دیکھ بھال کرتے ہوئے بھی ہزاروں فکریں تھیں جو اس کو دبوچے ہوئے تھی

کچھ دن بعد اس نے دیکھا کہ فوڈ کارپوریشن آف انڈیا کی طرف سے ڈھنڈورا پیٹا جارہا ہے کہ وہ گاؤں والے جو کسان ہیں اور جن کا اناج درمیانی لوگ خرید کر اور کسانوں سے کم دام میں لے کے واکٹھا کر کے کارپوریشن کو مقررہ لیوی پر فروخت کرتے ہیں۔ کسان خود اپنے آپ میں ہمت پیدا کریں اور خود کارپوریشن سے راست معاملت کریں تاکہ دھان بہتر ہونے کی صورت میں لیوی کے مقررہ نرخ سے بڑھا کر لیا جاسکے ورنہ یہ بڑھی ہوئی رقم درمیانی آدمی ہضم کر جاتے ہیں۔ پھر کسانوں سے یہ لوگ الگ اپنا حصہ وصول کر لیتے ہیں۔ اور اس طرح کسان اپنے آپ سے انصاف نہیں کر پاتا۔ اگر کسان کے پاس پانچ بورے بھی اناج کے ہیں تو وہ راست معاملت کر سکتا ہے" رگھو دوڑا دوڑا پوسٹ ماسٹر کے پاس گیا وہاں سے فوڈ کارپوریشن کو چھٹی پوسٹ کی اور گھر چلا گیا۔ بہت دیر تک وہ شانی سے باتیں کرتا رہا۔ آج کتنی مدت بعد اس نے شانی سے اتنی باتیں کی تھیں۔۔۔ پھر بنک میں آ کے کلرک سے باتیں کرتا رہا وہیں دیوار پر اس نے اشتہار لگا دیکھا۔ وہی باتیں لکھی تھیں جنکا ڈھنڈورا پیٹا گیا تھا۔۔۔ یہ اشتہار بھی فوڈ کارپوریشن آف انڈیا کی طرف سے تھا۔ اس کی فصل کٹی تو ساتھیوں کے اناج کی بات بھی چھڑی اور دھان کے بورے دو بیل والی بڑی بنڈیوں میں لاد کے سب شہر چلے۔ رات بھر سڑک کے کنارے قطار کی صورت میں بنڈیوں چلتی رہیں۔

صبح دفتر کے بڑے احاطے میں وہ سب بیلوں کو کھول کر باہر لے جارہے تھے۔

سارے کام ان کی امید سے بہتر ہوئے تھے اور اس پہلی کامیابی پر ان کے دل خوشی سے جھوم رہے تھے۔ ورنہ ہوتا یہ تھا کہ گاؤں کے "دادا" قسم کے لوگ اپنی ہمدردی جتا کے کسانوں سے ان کا اناج لے کے اکٹھا کر لیتے اور دونوں طرف سے پیسہ بٹورتے کسان کو فائدہ کم ہی پہونچتا۔ یہ درمیانی آدمی مقررہ لیوی سے گھٹا کے رقم کسانوں کو دیتے جبکہ

کارپوریشن کبھی مقررہ لیوی سے کم قیمت ادانہ کرتا بلکہ دھان کی بہتر قسم پر مقررہ لیوی سے زیادہ قیمت اداکرنے کا طریقہ رائج تھا۔

اکثر یہ درمیانی آدمی ملر بھی ہوتا اور وہ دھان سے چاول نکال کے وصاف کر کے بیچتا۔ کوالٹی انسپکٹر نے رگھو کو بتایا تھا کہ وہ کم اناج بھی لا سکتا ہے اور زیادہ سے زیادہ بھی فروخت کر سکتا ہے۔

کارپوریشن اور کسان کے درمیان یہی کوالٹی انسپکٹر کام کرتا ہے اس طرح گاؤں کے دادایا ملر کی ضرورت درمیان میں بالکل نہیں پڑتی۔

اب چھوٹے چھوٹے گاؤں بھی ان باتوں کو سمجھتے ہیں اور درمیانی لوگ انھیں دھوکہ نہیں دے سکتے۔ یہ جاگیرتی اس طرح آئی ہے کہ زمیندار کے کارندے بھی چوکنے رہتے ہیں۔ جہالت کے اندھیرے میں لپٹی ہوئی زندگیاں بھی اپنے اطراف اجالے کی بکھری ہوئی کرنوں کو محسوس کر رہی ہیں۔

رگھو نے کسانوں کا اعتماد حاصل کر لیا ہے اور اب تو اس گاؤں کی اہم ضرورت بن گیا ہے۔ ابتداء میں جب رگھو نے اور اس کے ساتھیوں نے اپنی زمین پر اناج اگایا تھا تو یہ کام ان سب نے مل جل کر لیا تھا ورنہ زمینداروں کے لئے تو گاؤں کے سارے لوگ مزدوری کیلئے ناکافی تھے۔ پھر انھیں مزدور کہاں سے ملتے ؟

سب نے مل جل کر کام کیا تھا گھر والی اور بچے تک ہاتھ بٹاتے۔ اب دیکھتے ہی دیکھتے رگھو نے سب کو اپنے اعتماد میں لے لیا تھا۔ لوگ اس میں بڑی مہانتا ڈھونڈھتے ارے رگھو تو ضرور کسی بھگوان کا اوتار ہے۔۔۔ کوئی اسے بلند ترین مقام تک لے جاتا۔۔۔ اونچا۔۔۔ اور اونچا۔ مجھے اس قدر اونچا مت اٹھاو جہاں پہونچ کر میری ساری اچھائیاں و برائیاں ،میری انتھک محنت اور جدوجہد صرف ایک ٹھنڈے کھردرے پتھر میں تبدیل ہو

جائے۔ پھر میں مہمان کہاں رہ جاؤں گا۔ ایک ایسا پتھر بن جاؤں گا جو اپنی جگہ سے ذرا برابر بھی نہیں ہٹ سکتا۔ جس کے قدموں میں ناریل کے ڈھیر اور چہرے پر کم کم کے سرخ دھبے ہونگے۔۔ بے چین پتھریلی آنکھوں والے بتوں میں مہانتا کہاں دکھائی دیتی ہے۔ زندگی کو ایک زندہ آدمی کی طرح محسوس کرو۔ زندہ رہنے کیلئے محنت کرو۔ جدوجہد کرو جلانے جھپٹنے اور چھیننے کی طاقت پیدا کرو کہ یہی انسان کیلئے ضروری ہے انتھک محنت اور کوشش نے ہی خوبصورت بت بنائے ہیں اور انسان نے ہی اپن فن کی خوبصورتی، کاوش اور عقیدت کو بھگوان کی مورتیوں میں منتقل کیا ہے۔ انسان کا زندہ وجود بے جان پتھر سے کہیں اہم ہے۔ وہ اپنے الفاظ میں ان کو سمجھاتا رہا، مفہوم یہی تھا۔

اس چھوٹے سے غربت کے مارے گاؤں کی کہانی لکھتے ہوئے میں نے اپنے احساسات اپنے جذبات اور اپنے الفاظ کو بھی استعمال کیا ہے مگر میں سمجھتی ہوں کہ رگھو نے اس سے زیادہ پر اثر اور سب کی سمجھ میں آنے والے الفاظ استعمال کئے ہیں۔ ہاں اس کے سوچنے اور سمجھنے کا ڈھنگ سب سے الگ تھا۔ عام انسانوں سے الگ اس کو پہچانا جا سکتا تھا ایسے ہی لوگ انقلاب لاتے ہیں۔ پرانی روایات کو تہس نہس کر دیتے ہیں۔

انہیں آگ سے کھیلنے کا فن آتا ہے۔ وہ جس طرح جینا چاہتے ہیں ویسی ہی زندگی بنا لیتے ہیں۔ مجھے یوں لگا جیسے رگھو آگے ہی آگے بڑھتا جا رہا ہے۔ کیا پتہ آنے والی پیڑھی اس کے قدموں کے نشان ڈھونڈھتی ہوئی آگے نکل جائے۔ میں وہاں بنک منیجر کی بیوی کی حیثیت سے گئی تھی اور ایک عرصہ تک وہاں رہ کے میں نے اس کہانی کو اپنی آنکھوں سے خود دیکھا اور محسوس کیا ہے۔ میں ایک کہانی کار بھی تو ہوں۔ میں نے اپنا کام مکمل کیا اس۔۔۔۔۔۔ کو لکھتے ہوئے جیسے میرا قلم بھی آگ اگلتا رہا۔ جس سے بغاوت کی آنچ آتی رہی۔

(۱۲) گُل

میں نے پہلے پہل گل بانو کو اماں کے پیروں کے پاس بیٹھا دیکھا تھا۔ میلے کچیلے گھیر دار لہنگے کو سمیٹتے ہوئے، پھٹے ہوئے گریباں پر باریک ململی ڈوپٹہ لپیٹے، منے، ہاتھوں کے پیالے میں تھوڑی ٹکائے وہ اماں کو ٹکر ٹکر دیکھے جارہی تھی۔ اس کے بیٹھنے کا انداز اور بغیر پلکیں جھپکائے ایک ٹک دیکھتے رہنے سے ظاہر ہوتا تھا کہ وہ انتہائی انہماک سے ان کی باتیں سن رہی ہے۔ باورچی کے پاس ہی ستون کی آڑ میں کھڑا تھا۔

میں ورانڈے سے گذر کے اپنے کمرے میں جاتے ہوئے باورچی سے پوچھا ہت خان یہ کون لڑکی ہے۔

بی بی جی یہ گل ہے۔ وہ بے تکے انداز سے مسکرا کے بولا۔

گل۔

جی ہاں اس کا نام گل بانو ہے۔ اس بھری پوری دنیا میں بالکل اکیلی ہے سرکار ایک پھوپی تھی سو وہ اللہ کو پیاری ہو گئی۔ سوچا چھوٹے ہوئے کام نپٹانے میں تکلیف ہوتی ہے۔ دوڑ بھاگ کے کام کاج کرے گی تو پاؤ روٹی اس کے حصہ میں بھی آجائے گی۔ ورنہ بھوکوں مر جائے گی مالک۔ پھر اس دیہات میں یوں بھی مہنگائی کے مارے ناک میں دم آگیا ہے۔

اچھا اچھا۔ اب جا کے چائے پانی کا انتظام کرو۔ اماں نے اس کو ٹوک دیا۔ اور میں اسٹول پر کتابیں ڈال کے ہاتھ منہ دھونے چلی گئی۔

بڑی دیر تک بر آمدے سے اماں کی آواز سنائی دیتی رہی۔ وہ کبھی گل سے اور کبھی ہمت خان سے باتوں میں لگی رہیں۔ اور میں چائے پی کر، اپنے کمرے میں آگئی۔ اسکول کا کام

اس دن کی معمول سے زیادہ ہی تھا۔ میز پر کتابیں پھیلائے میں کرسی پر سکڑی سکڑائی بیٹھی ہوم ورک کر رہی تھی۔ رات کے دس بج چکے تھے۔ کھڑکی سے گذر کر آنے والی سرد ہوا جس میں تیر کی طرح لگتی تو روئیں بھرا جاتے۔ میں کتاب بند کر کے دلائی سنبھالتی ہوئی اٹھی تو کرسی کے پاس گل کو دیکھا جو سردی سے بچنے کیلئے گٹھری بنی میری دلائی کے اس حصہ کے نیچے پڑی تھی جو کرسی سے نیچے لٹک رہا تھا۔

اس کے گھٹنے پیٹ میں لگے ہوئے تھے۔ دونوں ہاتھ چہرے کے اطراف احتیاط سے رکھے تھے اور اس کی بڑی بڑی سیاہ آنکھیں بند تھیں۔

ہائے یہ بیماری یہاں پڑی ہے۔ نہ جانے اس نے اپنا کام اب ختم کیا اور کب دبے پاؤں یہاں آکے پڑ گئی۔

میں نے نظر بھر کے اس کو دیکھا سرخ وسفید رنگت، بڑی، بڑی خوبصورت آنکھیں جو بند تھیں۔ گول گول سفید بازو، گداز انگلیاں، عمر مشکل سے اٹھ سال ہو گی۔ دلائی اچھی طرح اس کے اطراف لپیٹ کے اس میں نے اس کو اٹھالیا اور تخت پر لٹا کے ایک پرانی کمبل بھی اس پر ڈال دی اور خود اپنے پلنگ پر آکے لحاف اوڑھ لیا۔

سویرے اماں مجھے نیند سے جگانے کیلئے کمرے میں آئیں تو گل کو تخت پر لٹا دیکھ کر آگ بگولہ ہو گئیں۔ کان کھول کے سن لو۔ یہ نخرے نوکروں کے ساتھ اچھے نہیں لگتے کیا پتہ کس کی لڑکی ہے کب تک رہے۔ اب نوکر ڈلائیاں اور کمبل اوڑھ کے ہمارے ساتھ سوئیں گے۔ وہ بی بی واہ۔ اس میلی کچیلی لڑکی کو نئی دلائی میں لپیٹ دیا۔ ہائے ہائے، دلائی غارت کر دی۔

گل نے اماں کی آواز سن لی تھی اور چھلانگ لگا کے تخت سے فرش پر اتر آئی جلدی جلدی پلکیں جھپکاتی وہ حیرانی سے کبھی ماں اور کبھی تخت کو دیکھتی رہی۔

نہیں بی بی جی۔ میں تخت پر نہیں سوئی تھی۔ میں تو یہاں نیچے فرش پر پڑی تھی چھوٹی سرکار کے قدموں میں۔ یہاں! اس نے کرسی کے نیچے اشارے سے بتیا۔ لمحہ بھر کو مجھے اس کی بے بسی اور بے چارگی پر ترس آگیا۔

اماں یہ سچ کہتی ہے۔ میں نے ان کو یقین دلانا چاہا مگر اماں کا دل نہ جانے نوکروں کے معاملے میں اتنا سخت کیوں تھا۔ وہ گل کا ہاتھ پکڑ کے گھسیٹی ہوئی باہر لے گئیں۔

شام تک اتنے سے واقعہ پر ایک ہنگامہ برپا ہو گیا۔

میں اسکول سے آئی تو کچھ دیر بعد اس واقعہ کی گونج میں مجھے اپنے کمرے میں سنائی دی۔

گل دوڑ کر میرے پاس آئی اور میر اسینڈل اتارنے لگی۔ اس نے میرے پرانے کپڑے جو کانٹ چھانٹ کے اس کیلیے سی دیئے گئے تھے۔ پہن رکھتے تھے نہانے کے بعد اس کا چہرہ خوب نکھر آیا تھا۔ گھونگریالے، بال کپڑے کی ایک دھجی کی مدد سے سر کے پیچھے باندھ دیئے گئے تھے۔ اتنے بے تکے ڈھیلے ڈھالے لباس میں بھی گل بہت پیاری لگ رہی تھی۔

اس نے چپکے سے مجھے بتایا کہ وہ پرانی کمبل اماں نے دیدی ہے اور وہی استعمال کرے گی۔ نئی دلائی کے ٹانکے ادھیڑ دیئے گئے تھے۔ باورچی خانے میں پڑا ہوا بان کا کھٹولا اسے دیدیا گیا تھا۔ اس طرح گل کی زندگی میں کچھ ترتیب آگئی تھی۔ اسے کام کرتا دیکھ کر حیرت ہوتی تھی کہ اتنی ذرا سی عمر میں کام کا یہ سلیقہ، ترتیب اور تیزی اس نے کیسے اپنی طبیعت میں پیدا کرلی۔

رفتہ رفتہ اماں جیسی پتھر دل بھی اس کے لئے موم بن رہی تھیں۔ اب گل کے کانوں میں کم قیمت آویزے جھولتے رہے تھے بال پابندی سے چوٹیوں کی شکل میں گوندھے جاتے تھے۔ پیروں میں ربر کی معمولی چپل بھی آگئی تھی۔

اس طرح گل اپنی ذاتی خوبیوں، سلیقہ مندی اور انتھک محنت سے پتھر دلوں کے درمیان اپنے لئے راستہ بنائی ہوئی تھی۔ ننھا منو اور ڈالی بھی اس کے بغیر تنہائی محسوس کرتے۔ اماں کے سر میں تیل لگانے، وضو کرانے سے لے کے، ناشتہ میز پر لگانے اور چھوٹے بچوں کو دودھ دینے، ٹفن رکھنے اور ان کی کتابیں بیاگ میں رکھنے کی ذمہ داری تک اس نے اپنے سر لے لی۔

میرے اسکول سے آنے پر وہ دوڑ کے کتابوں کا بیاگ ہاتھ سے لے لیتی۔ میرے لاکھ منع کرنے پر بھی میرا اسینڈل اتارتی اور جب میں ہوم ورک کرنے بیٹھی تو وہ بھی منو سے کاپی پنسل مانگ کے میرے پاس آ بیٹھتی۔ اس کو پڑھنے کا بے انتہا شوق تھا۔ چلتے پھرتے، کام کاج کرتے وہ میرے لکھ کر دیئے گئے الفاظ دہراتی۔ یاد کرتی اور رات کو مجھے وہ سارے الفاظ اس کی کاپی میں لکھے ہوئے ملتے جن کو لکھنے کی میں اسے تاکید کر جاتی۔ اس طرح گل خوبیوں کا ایک مجموعہ تھی۔ لاکھ سوچنے پر بھی اس میں کوئی برائی نظر نہ آتی۔ اس کی سیاہ آنکھوں میں عجیب سی اداسی چمکتی۔

ہم سب میں گھلے ملے رہنے کے باوجود اس کی اپنی ایک تنہا شخصیت تھی گھر بھر میں سب ہی کی اس سے کوئی نہ کوئی غرض وابستہ تھی۔ مگر وہ اپنے لئے تنہا کچھ نہ چاہتی ہم سب کی ضروریات کا خیال رکھنا۔ ہمارے ہر اشارے پر دوڑنا، اور ہماری خوشی و ناراضگی کا پاس و لحاظ کرنا اس کو آتا تھا۔ مگر ہم نے کبھی اس کی کسی خواہش کو جاننے کی کوشش نہ کی۔ ہم میں سے کسی نے اس کی پسند و ناپسند پر توجہ نہ دی پھر بھی وہ اپنی اداس آنکھوں کے ساتھ مسکراتی رہتی۔ ہماری پسند سے پرانے کپڑے پہن لیتی۔ ہماری پسند کا باسی سالن، اور کھانا کھا لیتی، منو اور ننھے کی پسند کا کھیل خود بھی کھیلتی۔ اپنی اچھائی کا نقاب پر برائی کے چہرے پر ڈال کے وہ خوبصورتی و حسن پیدا کر دیتی۔

ابا کی بدلی ہو گئی اور ہم لوگ دکن آ گئے۔ باورچی اتنی دور آنا بھی نہ چاہتا تھا۔ مگر گل کہاں جاتی ؟ اور پھر ہم سب کے بغیر اس کی زندگی کس قدر سپاٹ اور یکسانیت سے بھرپور ہوتی۔ مکان سجانے اور چیزیں ٹھکانے پر رکھنے میں وہ دوسرے نوکروں کا ہاتھ بٹاتی۔ سارا سارا دن نئے گھر کی سجاوٹ اور آرائش میں لگی رہتی تھی۔ پردے لگانے، صوفے، کشن، سنٹر پیس، ترتیب سے رکھنے، بڈ روم اور منو ڈالی کے کمرے سجانے سے لے کے ننھے کیلئے جگہ کا انتخاب بھی اسی نے کیا تھا۔ میرا کمرہ بھی اُٹھا اپنے ہاتھوں سجایا تھا۔

اب تو اسنے ابا کے ضروری کاغذات اور فائلس بھی اپنی گرانی میں لے لئے تھے۔ ابا کے ضروری کاغذات نہ ملتے تو گل فوراً ڈھونڈ نکالتی منو اکثر کنجیاں اور پن بھول جاتا اور گل اس کی الماری میں رکھ آتی۔ میں سردیوں کے موسم میں کبھی اپنا سوئیٹر پہننا بھول جاتی تو گل تیزی سے چل کے بس اسٹیج مرجھا جاتی۔ ابا دفتر جانے لگتے تو گل سے زیادہ مصروف اماں بھی نہ دکھائی دیتیں۔ ناشتہ میز پر لگاتا، پانی سے بھرا گلاس ان کے ہاتھ میں تھمانا کوٹ پہننے میں ابا کی مدد کرنا، ان کے سارے ضروری کاغذات احتیاط کے ساتھ منشی صاحب کے حوالے کرنا، اور چلتے وقت پان کی ڈبیہ دینا وہ کبھی نہ بھولتی۔ اب تو گل کے بغیر ہم سب بالکل فالج زدہ بڈھوں کی طرح فائل ہو گئے تھے۔ ان سات برسوں میں گل نے سب کو اپنا محتاج بنالیا تھا۔ اس کے بغیر تو کوئی کام جی کو نہ لگتا۔ وہ گھر میں سب سے زیادہ خوبصورت تھی۔ نئے لوگ اس سے بڑے احترام سے بات کرتے۔ کوئی بھی اس نے لے پالک یا نوکر ماننے کو آسانی سیتیار نہ تھا۔ گل تھی بھی ایسی ہی۔ بے حد شائستہ اور تمیز دار، کوئی ایک بار اس سے ملتا تو دوبارہ ملاقات کا خواہش مند رہتا۔

ڈرائنگ روم میں، ہر ملنے جلنے والے کی چائے پان سے خاطر کرنے کا گر خاص طور سے اسے معلوم تھا۔ گھر میں اماں سے ملنے آنے والیوں کے ساتھ نرم میٹھی گفتگو کر کے اس

نے پورے ماحول کو سوشل اور خوشگوار بنا دیا تھا۔ ہر شخص اسے اپنے جسم کا ایک بے حد کام کرنے والا عضو سمجھتا تھا۔ اس طرح وہ ہم سب کی زندگی کا لازمی جز بن گئی تھی۔

ایسا میٹھا ٹھنڈا جھرنا جس سے ہم سب کی پیاس بجھ جاتی۔

عید برات میں سب سے زیادہ گھر کی صفائی، سجاوٹ، کپڑوں کی سلائی اس کو کئی کئی دن مصروف رکھتی۔ ماں کو تو یہ سوچ سوچ کر ہول آتا کہ ایک دن گل بھی کسی شریف آدمی سے بیاہ دی جائے گی۔ پھر ہم سب کا کیا ہو گا۔ ہمارا گھر خزاں نصیب چمن کی طرح ویرانہ لگے گا۔ گل اپنی ساری مہک ساتھ لے جائے گی جہاں رہے گی اپنی جنت خود ہی تخلیق کر لے گی۔ وہ سچ مچ گل ہے۔

کبھی کبھی میں بھی ان سارے مسائل پر بڑی سنجیدگی سے سوچتی اس نے ہائی اسکول کا پرائیوٹ امتحان بھی کامیاب کر لیا تھا۔

میں جب رات رات بھر تھیسس لکھنے میں مصروف رہتی تو وہ بھی اپنی کتابیں لئے وہیں آ جاتی۔ زیادہ دیر گذرتی تو تھرموس سے گرم چائے پیالی میں انڈیل کر میرے آگے میز پر رکھ دیتی۔ اس کی آنکھوں میں خلوص و محبت کی ایک دنیا آباد تھی۔ میں اکثر اس کی شخصیت کے حسن سے مرعوب ہو جاتی سرخ وسفید چہرے پر سیاہ بڑی بڑی آنکھیں، گداز جسم، لمبی جھولتی ہوئی دو چوٹیاں جو اکثر کام کاج کے وقت سامنے آ پڑتیں اور وہ جھنجھلا کر انہیں پیچھے ڈال دیتی۔

سنجیدہ پر وقار مسکراتی شخصیت جو ہر ایک کو آرام پہونچانے کیلئے بنی تھی مگر اپنے آرام کے بارے میں جس نے کبھی نہ سوچا تھا۔

ایک دن عجیب سا اتفاق ہوا وہ اسی طرح پڑھ رہی تھی میں اپنے اطراف بہت سی کتابیں پھیلائے تحقیقاتی مقالے کے بارے میں سوچ رہی تھی کہ اس کی کتاب سے ایک کاغذ کا

پرزہ نکل کے نیچے گر پڑا۔ اس کو پتہ نہ چلا گل کے جانے کے بعد میں نے وہ کاغذ اٹھالیا۔ یہ منو کی تحریر تھی جو اس نے میڈیکل کالج کے ہاسٹل سے گل کے نام بھیجی تھی۔ اس تحریر نے مجھے چونکا دیا۔

اس نے لکھا تھا کہ "دوسروں کی پسند پر تو وہ زندگی گذارتی رہی۔ کیا اپنی پسند کی زندگی سمجھی نہ ملے گی۔ اور اگر اپنی پسند کے ساتھی کا نام اماں سے بتا کے وہ جدوجہد نہیں کر سکتی تو اب کی بار چھٹیوں میں خود اماں کو اپنی پسند کی لڑکی کا نام بتا دوں گا جس کو بچپن سے پوجتا آیا ہوں اور وہ نام ہے گل!

میں نے آہستہ سے وہ پرچہ کتاب میں رکھ دیا اور اس عزم کے ساتھ پلنگ پر لیٹ گئی کہ میں گل اور منو کی مدد ہر قیمت پر کروں گی۔

گل میں تو ساری خوبیاں اکٹھی ہو گئی ہیں۔ ہر وہ خوبی جو اونچے درجے کے خاندان کی لڑکیوں میں مشکل سے ملے گی۔ اماں کا قہر آلودہ چہرہ میرے آگے گھومتا رہا۔ ابا اور اماں کی پسند پر اس نے اپنی زندگی، کے سات سال گذارے اور اپنی اتنی اونچی پسند پر شرما کے رہ گئی۔ کیا ہم اس کی کوئی خواہش کبھی پوری نہ کر سکیں گے۔ میں نے اداسی اور نیند کے ملے جلے احساس کے ساتھ سوچا۔

ہم سب پر تمہارا احسان ہے گل اور جھانسا تم نے ہماری ذرا ذراسی خواہش پوری کی ہے وہاں منو کی یہ پسند اور تمہاری خواہش کو پورا کرنا ہمارا فرض ہے۔ شاید تمہارے احسانات کا کچھ بوجھ اس طرح ہلکا ہو سکتا ہے۔

اور میں نے ایک آہنی عزم کے ساتھ کروٹ بدلی۔

(۱۳) ہڑتال

گوپی کی اداس آنکھوں میں آنسو آ گئے تھے اور ماتھے پر ایک نیلی رگ ابھر آئی تھی پچیس برس میں وہ صرف دو بار رویا تھا۔ بچپن میں نہ معلوم کتنی بار مچل مچل کے آنسو بہائے تھے۔ کتنی بار بلک بلک کے رویا تھا مگر وہ لمحے اسے اب یاد نہیں تھے اس کی تازہ یادداشت میں تو صرف دو بار بہائے ہوئے آنسو محفوظ تھے۔

پہلی بار تو وہ اس وقت رویا تھا جب اس کی ماں مر گئی تھی اور دوسری بار اب جب کہ اس کو خود اپنے رونے کی وجہ معلوم نہیں تھی۔

میلے طاق پر پڑے ٹوٹے ہوئے آئینہ میں اس نے اپنے عکس کو گھور کر غور سے دیکھا اور اپنے آپ سے بولا۔ یہ آنکھوں کی اداسی، یہ خشک ہونٹ اور یہ الجھے بال۔ کیا میں عمر میں صرف دو بار رویا ہوں۔ پھر یہ اداسی، یہ وحشت کیوں؟

نہیں نہیں۔ میں ہزاروں بار رویا ہوں۔ کیا ہوا جو آنسو نہیں ٹپکے۔ کیا ہوا جو کسی نے میرے آنسو نہیں پونچھے۔ مگر میں رویا ضرور ہوں۔ میں اپنے آپ کو صرف یہ سمجھا کہ بہلا لیتا ہوں کہ میں کبھی نہیں روتا۔ میں تو صرف قہقہے لگاتا ہوں۔ ہنستا ہوں دوسروں کو ہنساتا ہوں اور ہمیشہ خوش رہتا ہوں۔ میں آج تک اپنے آپ کو دھوکہ دیتا آیا ہوں۔

اس نے اپنی میلی آستین میں گرم آنسو خشک کر لئے اور زبردستی ہونٹ پھیلا کر مسکرانے لگا۔ بالکل ایسے جیسے بچہ پیٹنے کے بعد مسکراتا ہے۔ رونے کے بعد کی ہنسی کتنی عجیب ہوتی ہے۔ آنسوؤں میں گھلی تلخ ہنسی۔

اپنی موٹی کھردری انگلیوں سے اس نے الجھے ہوئے سخت بالوں میں کنگھی اور سوکھے ہونٹوں پر زبان پھیری گر اس کے ہونٹوں کی خشکی دور نہ ہوئی۔ اس کی روح میں ایک عجیب سی تشنگی بس گئی تھی جو کسی طرح دور ہی نہ ہوتی تھی۔

بلکہ روز بروز بڑھتی جاتی تھی۔ آنسوؤں کی یہ دو بوندیں کیا پیاس بجھا سکتی تھیں۔ اس کا جی چاہتا تھا خوب پھوٹ پھوٹ کر روئے اندر ہی اندر جیسے بھٹی سلگ رہی ہو۔ جیسے دھواں اٹھ رہا ہو۔ اس کا دم گھٹنے لگا۔ اس نے گھبرا کر میل سے اٹے ہوئے چیکٹ تکیہ پر اپنا سر ڈال کے تھکے ہوئے بازوں میں منہ چھالیا۔

اس کی اندھیری کوٹھری میں ساری دنیا کی اداسی سمٹ آئی تھی۔ ناامیدی بے چینی اور الجھن، جس نے اس کے دماغ میں اس قدر کشمکش پیدا کر دی تھی کہ کنپٹیوں میں درد ہونے لگا۔ اک نہ مٹنے والا اضطراب اس کے چہرے پر پھیل گیا۔ اس کے پپڑائے ہونٹ کانپ گئے۔ ہر دھڑکن ایک آہنی ہتھوڑا بن گئی کر اس کا سینہ توڑ رہی تھی۔

دھڑ۔۔۔ دھڑ۔۔۔ دھڑاک

کیوں شور مچاتے ہو جی۔ انسان ہو کہ جانور۔ سٹھانی کی جوان لڑکی نے گلے میں چاندی کی ہنسلی گھما کر غصہ سے گوپی کو گھورا۔ وہ بوکھلا گیا ٹین کے بٹن میں کاج الجھ کر اس نے کرتے کا گلا بند کیا اور حواس ٹھیک کر کے لجاجت سے بولا۔ وہ وہ ذرا سٹھانی کو ادھر بلا دو۔ بڑا ضروری کام ہے۔

وہ وہ کیا کر رہے ہو؟ صاف بتاتے کیوں نہیں کیا کام ہے۔ ان کے سر میں درد سمجھے؟ وہ نفرت سے جھڑک کے بولی۔

گوپی نے سوچا لہجے کے اعتبار سے تو بالکل سٹھانی ہے۔ پھر سنبھل کے نرمی سے بولا۔ بات یہ ہے کہ ان کے پاس میرے پیسے ہیں۔ آج ہڑتال کا دن ہے۔ ان سے کہا کہ۔

بھیک لینے کو اتنا غل مچایا ہے مفت خور کہیں کا۔ لڑکی پیر پٹکتی جھانجھن بجاتی چلی گئی۔

وہ سکتہ میں آگیا تو وہ بھکاری ہے۔ آخر اس نے محنت کرکے، خون پسینہ ایک کر کے پونجی جمع کی ہے کیا اپنی چیز واپس لینا بھیک مانگنے کے برابر ہے کیا۔ اس سے قبل کہ وہ اور کڑھتا۔ پیچ کھاتا۔ سٹھانی دندناتی ہوئی اس کے سر پر آ گئی۔

اے ہے، کلموا ابھیشک بے صبرا کہیں کا۔ ارے میں تیرے باپ کی قرض دار ہوں۔ کیا لینا اور کیا دینا تو نے کھولی کا کرایہ یا اب تک رہتا ہے نوابوں کے ٹھاٹ سے تین کوڑی کا مزدور، اور دماغ دیکھو کمینے کا۔ میں تیرا ایک پیسہ باقی نہیں ہوں۔ ذرا کھڑکی سے میٹھی بات کرلی تو سر چڑھ گیا بے ایمان۔ آج ہی خالی کر دیجیو ہماری کھولی ورنہ سیٹھ سے کہہ کے نکلوادوں گی۔ سٹھانی نے زور سے کھڑکی بند کردی اور اس کو یوں لگا گویا ساری دنیا کے دروازے اس پر بند ہو گئے۔ وہ گھبرا کر کھڑکی سے ہٹ گیا اس کو محسوس ہو رہا تھا زمین اس کے قدموں تلے سے بھاگی جا رہی ہے۔ بڑی دیر تک اس کے دماغ میں کھڑکی کے پٹ دھڑ دھڑاتے رہے۔ ممکن تھا وہ تیسری بار آنسو بہاتا مگر خشک آنکھیں جل کر رہ گئیں۔ آنسو نہیں بہہ رہے تھے مگر وہ رو رہا تھا۔ اس کا دل بیٹھا جا رہا تھا۔ اس کے گرد ہر چیز گھوم رہی تھی۔ آدھی جلی ہوئی موم بتی۔ ٹوٹا ہوا آئینہ کا ٹکڑا۔ میلی دھوتی، بان کا کھٹولا اور بیڑی کے ادھر جلے ٹکڑے سب اس کے گرد ناچ رہے تھے۔ چکر کاٹ رہے تھے۔ اور وہ مبہوت بنا ان کے درمیان حیرت سے منہ پھاڑے کھڑا تھا۔

اس کا چہرہ سیاہ پڑ گیا تھا اور کمزور ہاتھ پاؤں کانپ رہے تھے۔ ایک دم وہ ناتواں ہو گیا تھا۔ اس مریض کی طرح جس کو ڈاکٹر نے لاعلاج بتا دیا ہو۔

وہ پھر کھڑکی کے بند مٹیوں سے لگ کر کھڑا ہو گیا۔ اس دنیا میں کسی کو بھی تو اس کا خیال نہ تھا۔ دنوں بال مٹی میں آٹے رہیں۔ ہفتوں غلیظ کپڑوں میں سڑتا رہے یا گھنٹوں

بھوکا مرے۔ کوئی جو ذرا بھی پرواہ کر جائے۔ اور آج تو رات بھر بھوکا رہنے کے بعد بھی اس کو پیٹ بھرنے کی کوئی امید نہیں تھی۔ کوئی اس کی آنتوں کو مسئلہ ڈال رہا تھا۔ کلیجہ کھینچ کے منہ کو آرہا تھا۔ اندرونی کشمکش وہ کسکو جا کر دکھاتا؟ رہنے کو اب تو قبر جیسی کھولی بھی اس کی نہیں تھی۔ آج کی رات بھی اس کے ساتھ بیکل تھی۔ اس کی آنکھوں میں نہ دکھائی دینے والے ہزاروں آنسو مچل رہے تھے۔ نہ جانے کس جرم کی پاداش میں وہ اس قدر بے بسی سے سیٹھ کے فرش سے منہ لگائے سسک رہا تھا۔ مقصود سٹھانی کا نہ تھا قصور کارخانے کے مالک کا نہ تھا۔ قصور حکومت کا نہ تھا۔ قصور تو گوپی کا تھا۔ نہ وہ تین کوڑی کا ذلیل مزدور تھا یہ نوبت آتی۔

ساری عمر کا سرمایہ سٹھانی نے لوٹ لیا اور کھولی سے نکال باہر کیا۔ جیسے گنے کا سٹھیار میں چوس لینے کے بعد گنا بیکار ہو جاتا ہے ویسے ہی گوپی، سٹھانی کیلئے ناکارہ ہو گیا تھا۔ وہ راتس نے سوامی کے جھونپڑے کی ننگی دہلیز پر تڑپتے گذار دی۔

دوسرے دن سوامی سے اکنی ادھار مانگ کر اس نے چینے کھائے۔ ہڑتال برابر جاری تھی روزانہ مل مالک دھمکیاں دیتا۔ کام سے الگ کر دینے کا اعلان کرنا۔ گڑبڑ تالی مزدور مزے سے بھوکے بیٹھے مستقبل کے سپنے دیکھتے۔ ان کے پیٹ جلتے رہیں وہ خود ننگے رہیں پرواہ نہیں مگر اپنے بچوں کو بھوک سے روتا نہیں دیکھنا چاہتے تھے۔ سردی میں ان کے ننگے جسموں کو اکڑتا دیکھنے کی ان میں تاب نہیں تھی۔ ظلم کی کوئی حد ہوتی ہے۔ کہاں تک بے زبان جانوروں کی طرح چپ رہیں کب تک صبر کریں۔ بڑھتے ہوئے بوجھ کو کب تک ڈھوئے پھریں۔ وہ سوچتے خواہ کچھ ہو جائے ایک بار پوری قوت سے ہر تکلیف کو سہہ کے بڑی ہڑتال کریں گے۔ چاہے جان جائے یا رہے۔ بلا سے روز روز مرنا تو نہیں پڑے گا۔

سرخ جھنڈے والے ان کی ہمت بڑھاتے ان کو تسلی دیتے ان کے زخموں پر پھاپا رکھے اور مستقبل کا خاکہ دکھا کے ان کا عزم مضبوط کرتے جاتے۔

گوپی سب سے پیش پیش تھا۔ وہ ہڑتال کر کے مطالبات منوا کے سھانی سے انتقام لینا چاہتا تھا۔ وہ گھنٹوں سوچتا کہ ہڑتال سے سٹھانی کا کیا تعلق مگر اس کا دل کہتا نہیں سٹھانی سے انتقام لینے کیلئے ہڑتال ضروری ہے۔ وہ بڑی سرگرمی دکھاتا۔ ہر جلسہ میں اس کی شرکت ضروری بھی۔ صراحی گلاس لے کے مزدوروں کو پانی پلاتا پھرتا اور جب جلسہ ختم ہو جاتا تو ہڑتالیوں کے درمیان بیٹھ کے جلسہ کی تقریروں پر جوش انداز سے بحث کرتا۔ اپنی باتوں سے خوش ہو کہ سوامی اور رام بھروسے اس کو تین تین پیسے روز دیا کرتے تھے۔ کبھی کبھی تو وہ چنے لینا بھی بھول جاتا اور شام تک اکنی اس کی جیب میں پڑی رہتی۔

وہ دن بھی آیا جب ہڑتالیوں کا لمبا جلوس بڑی آن سے نکلا۔ گوپی کو سب سے آگے رکھا گیا تھا اور پرچم سر پر لہرا رہا تھا۔ جیسے جیسے پرچم ہوا میں ہلکورے لیا ویسے ویسے مزدوروں کے چہروں پر خوشی کا رنگ لہریں لیتا۔

سڑک کے موڑ پر پہونچ کر گوپی نے سیٹھ کی دوکان کے پاس سے گذرتے ہوئے اکڑ کر سیٹھ کی آنکھوں میں آنکھیں ڈال دیں اور مسکرا کے آگے بڑھ گیا جب مڑ کر گوپی نے پیچھے دیکھا تو سیٹھ مخبوط الحواس دوکان بند کر کے تالا لگا رہا تھا۔ خوشی کی ایک لہر گوپی کے جسم میں سر سے پیر تک دوڑ گئی۔ حوصلے سمجھا سمجھا کر قدم بڑھا رہے تھے۔ وہ سوچنے لگا اب تنخواہ بڑھنے کیا دیر لگتی ہے۔ سٹھانی نے بے ایمانی کی تو کیا ہوا وہ پھر اپنی شادی کیلئے پیسہ اکٹھا کرے گا۔ اسکو ایک ساتھی کی بری شدید ضرورت تھی۔ جو رات دیر گئے تک اس کا انتظار کرے۔ اس کے الجھے الجھے بالوں میں ٹھنڈی پتلی انگلیاں پھیرے۔ اس کے دکھ درد میں آنکھوں میں آنسو اور ہونٹوں پر مسکراہٹ لئے اس کو دلاسہ دے۔ آس

بندھائے۔ اور یہ سوچ سوچ کر اس کی بھوک مٹ گئی۔

قدم جم کر پڑنے لگے اس نے پلٹ کر اپنے ساتھیوں کو مسکرا کر دیکھا جیسے کہہ رہا ہو۔

تیز تیز قدموں سے بڑھے چلو۔ دیکھتے نہیں اس شاہراہ کے آخری سرے پر کتنی حسین دلہنیں بیٹھی ہمارا انتظار کر رہی ہیں۔ آؤ آؤ بڑے چھو کیا روشن مستقبل کیلئے تم تیز قدم بھی نہیں ڈال سکتے۔؟

کب تک تین کوڑی کے مزدور بن کر سیٹھانیوں کے ہاتھ بکتے رہو گے۔

اور اس کے ساتھی تیز تیز قدموں سے چلنے لگے۔ سیٹھ تالا لگا کے ایک ہاتھ سے باریک دھوتی کا زرین سرا پکڑے، تالو پر گلابی پگڑی چپکائے کھڑا تھا۔ اور جلوس بڑھ رہا تھا جلوس کے سامنے پولیس کے دستے آگئے۔ اس کی سمجھ میں کچھ نہ آیا کہ کیا ہوا۔ اس لکر دو قدم پیچھے ہٹا۔

ہٹ جاؤ۔ پولیس شیر کی طرح دھاڑ رہی تھی۔

ہم نہیں ہٹیں گے۔ جلوس بپھر گیا۔

وہ سب اپنا حق مانگ رہے تھے۔ مگر حق و انصاف اشک اور گیس اور لاٹھیوں سے دور نہ معلوم کہاں پڑے دم توڑ رہے تھے۔ وہ کارخانے کے مالک سے انصاف ہی تو چاہتے تھے مگر شاید مالک بن کے انسان سب سے پہلے اپنی انسانیت کھو دیتا ہے۔

وہ اپنی حکومت سے زندہ رہنے کا حق مانگ رہے تھے جینے کی آزادی ظلم کے خلاف ایک بھرپور نعرہ ہی تو تھا یہ جلوس۔ گوپی سمجھتا تھا کہ یہاں تو ظلم کے خلاف زبان بھی ہلانے کی اجازت نہیں۔ ظلم کی لاٹھی ہر وقت عام کے سر پر سوار ہو کے حکومت کرتی ہے۔ خیال ہی خیال میں اس نے ظلم کی لاٹھی توڑ کے پھینک دی۔

سنسناتی ہوئی گولی اس کے سینے میں دھنس گئی اور لڑکھڑاتا ہوا گوپی زمین پر لیٹ گیا سوامی ہیبت زدہ سا اس پر جھک گیا۔ دم توڑتے ہوئے انسان کو سوامی بھگوان کی یاد دلا رہا تھا۔

رام رام کرو بھیا۔

رام۔ آں ہاں۔ مشاہرہ کا آخری میرا اس کو اشارے کرنے لگا۔ چپکے چپکے بلانے لگا۔ اس کے تصور میں چھلکتی آنکھیں اور مسکراتے ہوئے ہونٹ ابھرے اور ڈوب گئے۔ گوپی کے خون سے تربتر جھنڈا اس کے پہلو میں پڑا تھا۔ اس نے ایک نظر سوامی پر ڈالی اور اس کی گردن ڈھلک گئی۔

رام بھروسے نے گوپی کی لاش کو بڑھ کے اپنے کندھے پر ڈال لیا اور سوامی نے جھنڈا تھام لیا جس سے خون کے قطرے ٹپک رہے تھے۔ رام بھروسے کو یوں لگا جیسے وہ اپنا جنازہ اٹھائے آگے بڑھ رہا ہے۔ گوپی کے ساتھ اور چار لاشیں اٹھیں سامنے پولیس کا آدمی اپنی مونچھوں کو تاؤ دے رہا تھا۔ اور خاکی وردی غرور سے تن گئی تھی۔

دوسرے دن بہت سے کھادی پوش مزدوروں کو بہلا پھسلا رہے تھے۔ ان میں سیٹھ کا منجھلا لڑکا بھی شامل تھا اور مزدوروں کو مشورہ دے رہا تھا کہ ہڑتال ختم کر دیں۔

تاریخی ہڑتال کا افسوسناک طریقہ پر خاتمہ ہو گیا۔ مزدوروں کے نام نہاد لیڈروں نے خود بڑھ کے ان کا گلہ دبا دیا۔

سوامی سوچنے لگا۔ نہ معلوم کب تک ہمارے غضب شدہ حقوق واپس نہیں دیئے جائیں گے۔ کب تک بچے بھوکے مریں گے۔ کب تک پہاڑ جیسے سیٹھوں کو آہنی گولیاں توڑتی رہیں گی۔ کب تک طوفان کے آگے خاکی وردیوں کا بند ٹھہر سکے گا۔

کب تک گولیوں سے انسانیت کو چپ کرایا جائے گا۔

سیٹھ کا چھوٹا بیٹا سوامی کی پیٹھ پر ہاتھ رکھ کر بولا۔

تم دیکھ لینا سوامی۔ شہیدوں کے سرخ لہو سے نئی زندگی پیدا ہوگی۔ ہماری زندگی کسیلی نہیں جاسکتی۔ ہمکو روندا نہیں جاسکتا۔

اور سوامی سنسناتی گولیوں سے لاپرواہ ہو کر مضبوط لہجہ میں بولا۔ ہم اپنا حق ضرور منوادیں گے۔ ہم پھر بڑی ہڑتال کریں گے۔

* * *

نجمہ نکہت کے دلگداز افسانوں کا ایک اور مجموعہ

شبنم اور انگارے

مصنفہ : نجمہ نکہت

بین الاقوامی ایڈیشن منظر عام پر آچکا ہے

AF100287

www.ingramcontent.com/pod-product-compliance
Lightning Source LLC
LaVergne TN
LVHW020442070526
838199LV00063B/4826
9789358726763